SOCIODRAMA
nas ORGANIZAÇÕES

Dados Internacionais de Catalogação na Publicação (CIP)
(Câmara Brasileira do Livro, SP, Brasil)

Drummond, Joceli
Sociodrama nas organizações / Joceli Drummond, Andréa Claudia de Souza. São Paulo: Ágora, 2008.

Bibliografia.
ISBN 978-85-7183-036-3

1. Moreno, Jacob Levy, 1889-1974 2. Organizações 3. Psicodrama 4. Sociodrama I. Souza, Andréa Claudia de. II. Título.

08-00920   CDD-658

Índice para catálogo sistemático:
1. Sociodrama nas organizações: Administração de empresas 658

Compre em lugar de fotocopiar.
Cada real que você dá por um livro recompensa seus autores
e os convida a produzir mais sobre o tema;
incentiva seus editores a encomendar, traduzir e publicar
outras obras sobre o assunto;
e paga aos livreiros por estocar e levar até você livros
para a sua informação e o seu entretenimento.
Cada real que você dá pela fotocópia não autorizada de um livro
financia o crime
e ajuda a matar a produção intelectual de seu país.

SOCIODRAMA
NAS ORGANIZAÇÕES

Joceli Drummond
Andréa Claudia de Souza

EDITORA
ÁGORA

SOCIODRAMA NAS ORGANIZAÇÕES
Copyright © 2008 by Joceli Drummond e Andréa Claudia de Souza
Direitos desta edição reservados por Summus Editorial

Editora executiva: **Soraia Bini Cury**
Assistentes editoriais: **Bibiana Leme e Martha Lopes**
Capa: **Renata Buono**
Projeto gráfico e diagramação: **Sidnei Simonelli**
Impressão: **Sumago Gráfica Editorial Ltda.**

Editora Ágora
Departamento editorial:
Rua Itapicuru, 613 – 7º andar
05006-000 – São Paulo – SP
Fone: (11) 3872-3322
Fax: (11) 3872-7476
http://www.editoraagora.com.br
e-mail: agora@editoraagora.com.br

Atendimento ao consumidor:
Summus Editorial
Fone: (11) 3865-9890

Vendas por atacado:
Fone: (11) 3873-8638
Fax: (11) 3873-7085
e-mail: vendas@summus.com.br

Impresso no Brasil

*Olhar agradecido,
fruto de aprendizagem.
Pais, mães, mestres e companheiros,
conduzindo-nos pelas mãos,
nos caminhos da vida.
A todos obrigada.*

Andréa e Jô

Sumário

Prólogo 9

1. O psicodrama e o sociodrama nas empresas 13
2. Mapeamento do cotidiano e levantamento do clima organizacional 30
3. Integração das equipes de trabalho 41
4. Dramatização na empresa............................ 54
5. Desenvolvimento das inteligências inter e intrapessoal .. 71
6. Os líderes e a espontaneidade 85
7. Vivendo os papéis 100
8. O desenvolvimento pessoal/profissional 110
9. *Coaching* com psicodrama 123
10. A comunicação distorcendo a comunicação: diferentes relações, diferentes comunicações 130
11. Trabalhando a sinergia entre as áreas 145
12. Gerenciamento das diferenças 159
13. A ferramenta do Trem® na gestão de processo 170

    Bibliografia 175

Prólogo

Somos robôs ou criadores?
Somos atores no palco da vida ou autores da vida?

Enquanto não nos libertarmos das mesmices do cotidiano, estaremos fadados a viver uma era de robotização nas escolas e empresas. O ser humano flexível, criativo e capaz de se relacionar acompanhando o fluxo da vida necessita ir além da fixidez do *Ter* materialista e dos cargos. É preciso buscar a liberdade se relacionando melhor consigo mesmo e com os outros para alcançar seus objetivos. Assim, ter e ser tornam-se verbos que caminham juntos.

No livro *O 8º hábito*, Stephen Covey comenta sobre as cinco grandes eras atravessadas pelo ser humano. A primeira foi a Era da Caça, na qual a sobrevivência dependia do arco-e-flecha e havia muitos riscos de morte para a espécie. A segunda foi a Era da Agricultura, quando o plantio garantiu a melhor organização da sobrevivência no cotidiano. A terceira, a Era Industrial, na qual manufaturas garantiam o sustento. A quarta, a Era da Comunicação e Informação, que trouxe o conhecimento mental. A quinta, em que vivemos, é a Era da Sabedoria, com a busca do que alimenta a alma, pois é intrínseco ao homem expandir seu próprio "eu".

A sabedoria está calcada no ser humano que sonha e sabe os melhores caminhos para concretizar resultados, por meio de boas parcerias e efetivas estratégias, e que, portanto, passa a se relacionar, e não somente a produzir. Em dezoito anos de atuação prática e teórica, vivenciamos a importância do psicodrama como ferramenta para o desenvolvimento das riquezas humanas de empresas de todos os tamanhos e origens, seja em líderes de alto escalão ou naqueles em desenvolvimento, seja em operários. O psicodrama, nesse caso, pode ser utilizado para inúmeros fins: motivação de equipes, resolução de conflitos entre áreas, *coaching* individual e estímulo de grupos para que expressem seus problemas e desafios.

Sentíamos falta de um livro prático voltado para o psicodrama dentro das organizações e criamos este, que acreditamos poder ser útil tanto para trabalhos de RH como para consultorias e cursos de formação de psicodrama. A obra é voltada para profissionais de recursos humanos, líderes de (e em) organizações e todos os que lidam com o ser humano individual ou em grupo. Nossa intenção é encantar quem lê, como fomos encantadas pela metodologia do sociodrama, vertente do psicodrama usada em organizações para o desenvolvimento pessoal e profissional dos indivíduos.

Nosso grande desafio foi juntar na escrita formal a teoria psicodramática com sua poesia e as descobertas e vivências práticas dentro das organizações. No primeiro capítulo, apresentamos nossos fundamentos teóricos. A partir do segundo, descrevemos como costumamos intervir nos grupos com a metodologia do sociodrama e qual o resultado dessa intervenção. A filosofia que retratamos possibilita uma reflexão no decorrer da leitura, por se tratar de uma metodologia teórica/vivencial. Todas as atividades podem ser utilizadas em qualquer grupo, com as adaptações necessárias.

Como em toda metodologia proposta pelo psicodrama, a cada capítulo você terá um aquecimento, um jogo e um compartilhamento. Trouxemos idéias de vários autores, mas sempre com a inspiração maior em Jacob Levy Moreno. Assim como ele disseminou suas idéias, novos psicodramatistas estão se desenvolvendo em vários setores da sociedade. Que nosso livro sirva de inspiração para novas propostas no espírito moreniano, vivenciadas de forma espontânea de acordo com o momento. As idéias aqui propostas são freqüentemente aplicadas por nós, mas a grande alegria e o desafio é que nunca se repetem, pois cada grupo é um grupo, e se transforma a cada momento. Que ele sirva também para que as organizações possam ver seus problemas, sem o que não poderão resolvê-los. Nossa proposta é facilitar aos colaboradores, que são a essência da organização, a visão dos problemas que os afligem e a busca das melhores soluções. Diz Moreno: "Uma resposta provoca uma centena de perguntas". É com essa expectativa que deixamos algumas respostas que encontramos no caminho e abrimos muitas outras questões a serem respondidas no nosso cotidiano de trabalho e de vida.

Então, nosso convite:
RE-CRIE
ILIMITE-SE

1
O psicodrama e o sociodrama nas empresas

A socionomia é a ciência das relações; a proposta socionômica é investigar como estas se estabelecem e qual a dinâmica relacional entre pessoas/pessoas e entre pessoas/coisas. O olhar investigativo da socionomia nos ajuda a perceber que se relacionar é difícil e complexo, mas acima de tudo maravilhoso. Essa ciência demonstra que as variáveis que acontecem, e sempre acontecerão, são o próprio tempero da vida relacional. Dependendo do humor e do momento de cada um dos indivíduos envolvidos, bem como das próprias circunstâncias, ela será mais apimentada ou adocicada. Ou seja, a socionomia é uma teoria que, baseada nas realidades dos dados e fatos relacionais, ajuda-nos a reorientar da melhor forma possível nossas relações para que sejamos pólos irradiadores e tenhamos uma qualidade de vida melhor.

Imagine um extraterrestre chegando na Terra e analisando nosso comportamento. Ao escrever um relatório para seu chefe, provavelmente descreveria: "O ser humano não vive sozinho, ele é educado em uma família, trabalha com outras pessoas, estuda em grupo, alimenta-se normalmente em grupo, mas ainda tem de aprender a viver em grupo, pois está sempre em conflito".

O psicodrama, como uma metodologia cuja abordagem principal é a investigação das relações humanas, busca amenizar e administrar os conflitos para estabelecer uma rede relacional mais saudável. O sociodrama, por sua vez, investiga as relações grupais. Ambos têm como proposta trazer leveza e maior alegria à arte de conviver.

Os vínculos ocorrem por meio das ações, e quando estas são explicitadas e percebidas podemos refletir sobre elas, mudando nossos conhecimentos, comportamentos e atitudes e planificando critérios e instrumentos para relações mais saudáveis.

Psico = Psique = Alma = Eu.

Drama (grego) = Ação, o que está por trás das cenas e explicita o drama da ação.

Então temos: Psicodrama = Eu na ação.

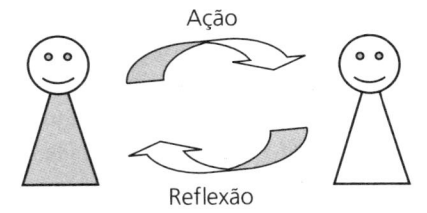

A ação é planejada pelo diretor ou coordenador da intervenção para que ocorra uma reflexão capaz de mudar a ação no mundo.

Sociodrama = sócio drama = Social na ação, ou o grupo em ação.

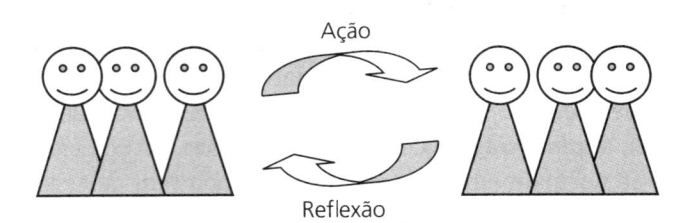

O psicodrama e o sociodrama são metodologias bastante atuais, pois têm como objetivo maior a busca da criatividade em sua essência, ou seja, o profissional que é capaz de refletir sobre suas ações para transformá-las, de refletir sobre o contexto no qual está inserido para aperfeiçoá-lo.

Jacob Levy Moreno (1889-1974), médico romeno fundador do psicodrama, denomina a espontaneidade como a semente de transformação das relações com o mundo que nos rodeia, tendo como uma de suas funções a criatividade. A espontaneidade apregoada por Moreno não pode ser confundida com o entendimento popular da palavra, que muitas vezes é sinônimo de falta de educação ou rudeza. Para ele, espontaneidade é a harmonia da resposta com o momento vivido.

O que é psicodrama?

"Navegar é preciso, viver não é preciso."
(Fernando Pessoa)

Para navegar pela vida, quem nos dera ter uma bússola para conseguir a mesma precisão da navegação marítima. Navegamos pela vida sem tantas certezas, já que nossa bússola não é a única que define todas as nossas relações e temos de considerar os caminhos e desejos dos outros seres com que nos relacionamos. Muitas vezes temos de voltar a aferir nossos nortes e crenças, pois perdemos o rumo. O psicodrama nos ajuda a perceber as atitudes e ações que orientam as inter-relações, para que possamos realinhar os objetivos e as ações adequados para alcançá-los. O psicodrama nos auxilia a buscar o norte, nossos desejos, nas dinâmicas relacionais, bem como a ação cabível para que isso aconteça.

O psicodrama compõe-se de filosofia e metodologia inseparáveis: a primeira constitui a base (a idéia que se tem do homem e do mundo); a segunda constitui a própria construção da sociabilidade e de uma individualidade internamente combinadas, ou seja, *Eu comigo* e *Eu no mundo*.

O que é sociodrama?

O sociodrama trabalha as vincularidades das relações, e essas vincularidades são representadas por meio dos papéis sociais desempenhados pelas pessoas no dia-a-dia. Ressignificando esses vínculos, possibilitamos a mudança efetiva de valores, e não apenas o treinamento para o desempenho de tais papéis.

A necessidade de uma forma especial de psicodrama que projetasse seu foco sobre os fatores coletivos deu origem ao sociodrama. Valorizando o próprio grupo como sujeito do sociodrama, Moreno focava a cultura como rede relacional a ser trabalhada, e não o indivíduo privado. Ele propôs um método de ação profunda, analisando e provocando a catarse coletiva de problemas sociais e permitindo uma análise ciosa das origens profundas das tensões e dos conflitos intergrupais (Moreno, 1993).

Assim, temos a metodologia necessária para trabalhar os conflitos existentes dentro das organizações.

Sociodrama em ação transformando a organização

No caminho organizacional, temos percebido uma mudança na cultura da relação trabalho/resultado. Antigamente (mas nem tanto), as empresas pareciam campos de competição na semana de final de campeonato, parecia como se o estado de emergência e a prontidão profissional fossem garantia de resultado. Talvez, em curto prazo, manter o alto nível de estresse e a competição seja o melhor caminho para garantir o sucesso profissional, mas um campo de tensão prolongado faz que os seres humanos, em vez de investirem o melhor de si, acabem afetando os processos para alcançar o resultado, com conseqüências desastrosas. Será que o fim justifica os meios?

Ainda vemos empresas em que a busca de resultado faz que os profissionais permaneçam estressados e infelizes com a rapidez e o estado de alerta necessários para dar conta das constantes demandas e iniciem caminhos que possam trazer resultados com menor esforço. A busca de equilíbrio entre resultado e satisfação é a busca atual das empresas que se orgulham de ser as melhores para trabalhar.

Para facilitar os resultados esperados e evitar o desgaste pessoal dos profissionais, percebemos dois aspectos que devem ser observados:

- *Estratégico operacional*: novos objetivos e desempenhos são determinados e esperados para que as novas metas sejam atingidas, e os profissionais atuam operacionalmente para alcançar os objetivos.

- *Comportamental*: a efetivação do processo depende do fortalecimento e das parcerias estabelecidas, bem como de uma reflexão sobre a forma de atuação individual e grupal.

Estrutura do psicodrama

O psicodrama pedagógico organizacional facilita o trabalho com a junção operacional e comportamental pela percepção das facilidades e dificuldades individuais e da equipe. Facilita também a busca de ações para que a divisão de poder, o compartilhamento das decisões e a maturidade na liderança despertem o comprometimento da equipe. O grupo, percebendo sua dinâmica relacional e estratégica, pode realinhar os pontos frágeis e acentuar os pontos fortes, tornando-se proativo nas demandas e não sendo pego de surpresa na maré dos acontecimentos.

Interagir com as mudanças, em vez de ser levado por elas, é o diferencial que determina a qualidade do profissional. Para isso, o psicodrama pedagógico trabalha a co-responsabilidade e a co-participação, buscando soluções no âmbito individual e de equipe. O grupo, ao discutir sobre si e sobre a estrutura organizacional no qual está inserto, para então buscar soluções e parcerias em conjunto, estabelece um dos fundamentos da efetivação das mudanças necessárias para trabalhar sem estresse e com a devida eficácia.

Por que e como utilizar o psicodrama organizacional? Quais teorias psicodramáticas o embasam e ajudam a aplicá-lo?

Nos processos, a criatividade e a facilidade de buscar respostas rápidas para as demandas são imprescindíveis. O psicodrama ajuda o ser humano a redescobrir sua capacidade de dar respostas eficazes e eficientes diante dos estímulos (teoria da espontaneidade, demonstrada no capítulo 6).

O homem capaz de pensar e agir adequadamente e de ser responsável pelas conseqüências de suas decisões faz a "diferença" numa empresa. A ação psicodramática possibilita a prática da flexibilidade na atuação de diversos papéis, pelo *role-playing* (teoria dos papéis, demonstrada no capítulo 7).

O psicodrama ajuda a desenvolver a inteligência emocional por meio da reflexão da ação e da busca de saídas cabíveis para as diferentes situações, tornando os participantes co-responsáveis pelo seu destino e o das organizações em que atuam (teoria da matriz de identidade, demonstrada no capítulo 3).

Para o líder que sabe acolher, mandar, impor limites aos colaboradores e negociar suas idéias com os pares e a equipe, o psicodrama auxilia agrupando os papéis e facilitando o entendimento sobre sua atuação (teoria do cluster, demonstrada no capítulo 8).

A capacidade de entender, aceitar e devolver os sentimentos que aparecem envolvidos, para que o próprio grupo reflita, surge da capacidade télica da unidade funcional (consultores), tão estimulada por Moreno (tele, descrita no capítulo 9).

Com o sociodrama conseguimos enxergar a forma como um grupo se inter-relaciona e auxiliar na busca de maior sinergia (sociodrama, sociometria, sociograma, descritos no capítulo 10).

Quando se utiliza o psicodrama nas organizações?

O psicodrama nas organizações – ou psicodrama socioeducacional, como é chamado pela Federação Brasileira de Psicodrama –

é utilizado para dinamizar e ampliar a atuação dos profissionais que lidam com processos de diagnósticos, implantação de novas tecnologias, reuniões, treinamento, desenvolvimento, seleção e avaliação de potencial/desempenho.

Objetivo do psicodrama

O objetivo do psicodrama é desenvolver a habilidade de percepção, a compreensão e a intervenção em processos grupais e relações interpessoais. É, também, permitir que cada participante traga sua contribuição ao processo, pois cada um é co-responsável pelo sucesso ou pelo fracasso dos resultados. É, ainda, tornar-se autor na vida, e não ator de um script.

O diferencial do psicodrama é o *role-playing*: as pessoas se percebem entrando no papel do outro e fazendo a inversão de papéis, vendo-se assim no lugar do outro.

Vantagens do psicodrama para a empresa

- Trabalhar concomitantemente a relação inter e intrapessoal, a sinergia grupal.
- Alinhar a cultura organizacional ou revê-la.
- Auxiliar o planejamento estratégico.
- Auxiliar planos de ações.
- Fortalecer os vínculos relacionais que promovem o crescimento integrado da rede organizacional.
- Realizar *coaching*.
- Aumentar o comprometimento com os resultados alcançados ou a serem alcançados pela empresa.
- Atingir a espontaneidade ou a liberdade com responsabilidade.
- Sair do "faça o que falo, não o que faço" para alcançar a responsabilidade sobre as próprias ações.
- Desenvolver o *empowerment*.
- Desenvolver equipes.

- Usar a criatividade como facilitadora na solução de problemas.
- Associar a teoria e a prática, a teoria e o cotidiano.

Como trabalhar com o psicodrama

A busca do psicodrama é o *encontro*: a capacidade de um ser humano se relacionar com outro, respeitando a si próprio e a ele. O profissional é convidado a se perceber e a perceber o contexto, com menor julgamento e maior eficácia para a proposta de se relacionar melhor e construir um objetivo. Isso é obtido por meio de jogos, atividades e simulações adequadas às características e fases de cada grupo e mediante objetos intermediários que ajudam na reflexão para a compreensão da atuação individual e grupal, buscando a excelência na atuação.

O foco do psicodrama pedagógico organizacional é a dinâmica das relações grupais no contexto profissional. As atitudes individuais e os comportamentos estabelecidos pelos papéis são estimulados a uma reflexão, para que cada participante atue com liberdade e maturidade em seus vínculos. O foco do sociodrama é trabalhar os papéis sociais, a sua atuação e a co-responsabilidade no contexto social.

Essa metodologia reafirma a auto e a heteropercepção como formas de potencializar o indivíduo e o crescimento dos grupos ao qual pertence. É um método para lidar com redução de tensões individuais e de grupo. A princípio era aplicado à psicoterapia, hoje é aplicado a todos os campos em que existam problemas de relações e de comunicação, como entre dirigente/dirigido, pais/filhos, homem/mulher/colegas de trabalho/amigos, professor/alunos, atendente/cliente etc.

Segundo Pierre Weil, em seu livro *Psicodrama* (1967, p. 21), os principais objetivos do psicodrama são:

- Vivência da tele: tele é a força energética que faz que as pessoas sejam atraídas umas pelas outras de forma biunívoca. É uma empatia recíproca. Tele é o encontro Eu e Tu.

- Experimentação sociométrica: medir as relações informais de um grupo. Perceber o estatuto real e imaginário do lugar em um grupo, para lidar com as aproximações e repulsões dentro deste.
- Libertação e desenvolvimento da criatividade: espontaneidade. Criar x Conserva Cultural.
- Catarse de tensões individuais e grupais: reajustar relações.
- Desenvolvimento de empatia para a tele: perceber o outro para se colocar no lugar dele (inversão de papéis).
- Comunicação e barreiras: laboratório de comunicação, distorções e fluidez.
- Preparo para situações futuras: viver e montar várias cenas como ensaio para o futuro.
- Regulamentação do controle emocional: desenvolver o QE.
- Experimentação de autonomia: relação com a autoridade. Ator para Autor.

As bases do psicodrama pedagógico organizacional

A filosofia nos traz a concepção do homem no mundo, ao passo que a metodologia que concretiza o caminho para esse pensar sobre o homem diante do ensino/aprendizado sobre o mundo. Na prática psicodramática, é com base nos fatos (fenômenos) que acontecem no cotidiano que se faz a reflexão grupal para que o coordenador (um olhar mais distanciado daqueles problemas) e o grupo (um olhar interno da situação) possam melhorar e potencializar o próprio cotidiano.

Na educação psicodramática, a construção do saber é realizada pelos participantes, que são considerados indivíduos ativos em sua formação e informação. Baseada no ideal de onde se quer chegar (objetivo), os participantes refletem o cotidiano (tema gerador) e elaboram a devolução dessas reflexões para o mundo circundante.

Fica claro, a partir daí, o porquê de a educação psicodramática se reconhecer como construtivista.

O psicodrama pedagógico organizacional se pauta nos valores da andragogia, pois valoriza conhecimentos já obtidos e interiorizados pelo adulto. Procura nos valores dos participantes, assim como nas suas crenças sobre o mundo, a fonte para que eles se revisitem e reflitam, a fim de que possam não apenas acompanhar, mas também atuar nas mudanças que ocorrem no mundo. É a possibilidade, enfim, de criar e recriar o mundo que nos cerca.

A metodologia tem como missão fundamental desenvolver o potencial do ser humano pela criatividade, meio pelo qual as pessoas são capazes de interagir e de dar uma resposta que as satisfaz e é adequada diante do desafio.

O psicodrama propõe tanto o desbloqueio como o desenvolvimento do indivíduo, para que este possa atuar diante de situações novas e também ter a possibilidade de dar respostas novas a situações já conhecidas. Para que possa usar a razão e a emoção (na ação) de forma integrada, não apenas para gerar resultados, mas para garantir a evolução do ser e das suas relações, além da melhoria da organização na qual está inserto. Por meio da ação, o indivíduo se mostra para o mundo e se percebe *como sujeito co-responsável nos resultados de sua ação*.

O psicodrama tem como base o seguinte tripé:

- *Fenomenologia* como filosofia, o modo de pensar sobre o homem e o mundo.
- *Hassidismo* como filosofia religiosa, em que o divino faz parte do cotidiano.
- *Teatro grego* como forma de atuação.

Fenomenologia

A fenomenologia vem romper com a forma cartesiana de pensar o mundo, com o "penso, logo existo" de René Descartes (1596-1650). O homem pensa sobre si mesmo: "Ser é ser no mundo, sendo"; "Ser é ser no mundo com o outro", de Heidegger (1889-1976).

Ou seja, um homem que *pensa, sente* e *age* perante o mundo circundante, um homem dinâmico capaz de se reformular e se repensar a todo instante, nunca pronto, acabado, este é o "sendo" proposto por Heidegger. Diante de cada ato, esse homem se mostra, transforma-se e é transformado pelas relações que estabelece. Assim, não se pode dizer dele "fulano é assim", mas "fulano está sendo" de uma forma em determinado momento e em outro poderá ser diferente. Ele se conhece e se reconhece nas relações com o outro, na sua comparação e diferenciação.

A premissa básica da fenomenologia é que existir é sair de si mesmo e se lançar para o mundo. Lançar-se para o mundo nas relações estabelecidas com as pessoas, com o trabalho, com a política etc.

O ser humano pode sair para a vida de diferentes formas:

- Com *ensimesmamento*, quando o centro do mundo é ele mesmo (narcísico).
- Com *visão de túnel*, quando sua forma de pensar e seus conhecimentos são a verdade absoluta (paradigmas e crenças).
- Com *espontaneidade*, quando cria e estabelece as respostas de acordo com a situação presente, "ser sendo no momento".

Jacob Levy Moreno, ao criar o psicodrama, concebeu uma metodologia na qual o homem se percebe em suas ações e analisa sua co-responsabilidade nos resultados destas, podendo então *agir*, e não apenas *reagir*, diante das circunstâncias. Re-ação para pró-ação. De re-ativo para pró-ativo.

Não sendo vítima do processo, o homem é capaz de transformar a si e ao mundo para se tornar mais livre. Não só contando com antigas respostas ou respostas aprendidas, mas podendo se adaptar de forma saudável ao contexto que vive e fazê-lo flexível para as necessárias mudanças. Esse é o homem espontâneo. É uma metodologia que aceita as diversas facetas do ser humano (bom e ruim, bravo e tranqüilo, gentil e rude etc.) atuando nos papéis sociais, metodologia na qual o homem "utiliza" suas características conforme o momento e a relação.

A fenomenologia tem como pontos importantes:

- *Temporalidade*: o tempo não é linear.

Passado	Presente	Futuro
Reflexão	Ação	Planejamento

Passado: depois do ato em si, só a reflexão é possível. Futuro: o sonhar é a busca que movimenta a energia de vida, planejar é preciso para se realizar. Mas é somente no presente que temos poder, pois é quando nos expressamos ou agimos, o momento que temos condições de realizar as coisas. O homem vive concomitantemente nos três tempos. Seu passado pode estar agora interferindo no presente, na sua forma de atuação, e o futuro só será concretizado no presente, na ação. Não basta apenas sonhar, é preciso fazer.

- *Espacialidade*: estar em um lugar com pensamento em outro. Os espaços, bem como o tempo, tem a relatividade e a subjetividade pertinente.

- *Intencionalidade*: as ações estão imbricadas de intenções conscientes e inconscientes. Depois do ato em si é que se analisa o todo em questão. Baseado nessa forma de pensar, Moreno criou o palco do psicodrama, o contexto psicodramático: "*Como se* fosse naquele dia, com aquela pessoa..." O protagonista cria e recria o cenário, a espacialidade onde as coisas acontecem dentro e fora dele mesmo: a temporalidade onde o passado ainda é presente, pois o protagonista está ligado a algum fato que passou (matriz) e revive a cena para rematrizá-la e ficar livre para agir de outra forma. Sem abandonar suas características, não fica preso a uma só maneira de responder a um estímulo. Na cena, também cria o futuro para trabalhar medos, fantasias e possibilidades.

- *Escolha*: queremos muitas coisas ao mesmo tempo, e muitas vezes contraditórias. Descansar ou ir ao cinema? Ficar ou sair do emprego? É direito nosso conquistar todos os desejos, mas num determinado e exato momento precisamos fazer as escolhas e arcar com a perda. A cada opção que fazemos, fechamos a porta pra várias outras. Por exemplo, cursar a faculdade de Medicina exclui fazer várias outras. Diante de tantas respostas possíveis, Moreno elabora as respostas psicológicas dadas diante de determinadas circunstâncias.

Hassidismo

O termo "hassidismo" tem origem em *hassid*, que significa "piedoso". É uma religião que foi renovada por Baal Shem Tov (o mestre do bom nome) em 1750 e tem a Torá como livro sagrado, com a proposta de levar a religião ao homem comum, e não só aos sábios. Antes, Ari Issac Luria (1534-1572) dizia que a alma só era purificada com jejum e sofrimento, devido aos instintos animalescos. Baal traz a idéia de que em um corpo frágil, sofrido, não se obtém alma forte, resgatando o conceito e o entendimento da alegria: buscar a redenção e o arrependimento, não por ações autodestrutivas, mas como volta à origem do problema causado; ir além da culpa, superando-a e mudando a conduta (transformação), sempre pela ação, e não só pelo pensamento.

A obra fundamental do hassidismo é o *Tanya*, e o capítulo que fala do amor ao próximo impactou Moreno. Nessa obra, amar ao próximo como a si mesmo significa primeiro se amar. Para amar ao próximo é preciso se colocar no lugar do outro.

No hassidismo, as lendas são consideradas metodologias importantes, pois repassam grandes conceitos. O hassidismo valoriza a comunicação humana, utilizando-se dos mitos para o ensinamento e lembrando que todos são filhos de Deus, letrados ou não.

A partir daí, Moreno cria a teoria de papéis e o *role-playing* (ver com os olhos do outro): "Oh! Eu me olho com surpresa a Mim mesmo! Eu me olho e Me olho outra vez" (Moreno, 1992, p. 32).

O hassidismo enuncia dois princípios:

- *Proximidade espacial*: dar atenção a quem está perto de nós, depois ampliá-la para os outros.
- *Proximidade temporal*: dar atenção ao tempo, ao aqui e agora.

Moreno dizia que queria ser reconhecido como aquele que trouxe a alegria para a terapia. Em sua vida, esteve sempre atento ao mundo circundante: trabalhou com prostitutas, crianças na praça etc. e, usando lendas e mitos, abordava os diferentes papéis psicológicos.

O principal objetivo do psicodrama é a vivência da tele e do encontro; segundo Pierre Weill, "o encontro despojado do artificialismo e do intelectualismo dos papéis sociais, uma vivência onde o afeto é fundamental, pois a solução de problemas tem as boas relações como uma variável forte" (Weill, 1967, p. 22). Por exemplo: duas pessoas chegam a uma cidade e dividem um táxi para procurar um hotel. Vão conversando como velhas amigas. Ao chegarem ao hotel, só existe uma vaga. A partir daí, há competição. Se houvesse afeto, seria diferente? Como buscar saídas? O afeto não é encarado como algo piegas, mas é visto como compreensão entre pessoas para buscar saídas.

Teatro grego

Nascemos com um metro, uma expectativa de onde vamos chegar. Esse metro é definido pela sociedade e principalmente pela família, mas *Cimos* (segundo o Alcorão Sagrado, a *tentação*) nos faz entrar na *hybrys*, que na mitologia grega é a *desmedida* que nos impulsiona a sair da medida social, cair na tentação de criar, ser Deus, construir e reconstruir o mundo. Essa desmedida é o impulso de crescimento do homem e da sociedade. Queremos ir além da formação (forma) que nos deram. Ao abandonar as certezas antigas, podemos abrir a visão para outros horizontes.

O desafiante (protagonista ou *Agon*) vai para a Ágora (a praça ou palco) e com coragem luta pela vitória com os deuses que não permitem que o ser humano se libere e tenha suas próprias qualidades. Se for derrotado, abandona a luta e cai na escravidão dos deuses. Esses deuses são internos e representam os mandatos e mitos que nos colocaram.

Assim, a *Dike* (justiça) vai além do bem e do mal, além do julgamento humano: ela é baseada na lei universal da rede de integração em que todos têm o direito de ter qualidades e poderes. Se estiver bom para mim e para o mundo circundante, faz parte dessa justiça – e é ela que pode nortear nossos relacionamentos.

No psicodrama, o protagonista vai para a cena com o intuito de se libertar de conceitos e paradigmas que já não são necessários, refazendo sua matriz para que a espontaneidade flua. A justiça é trabalhada pelo *role-playing* (ver de diversos ângulos a cena). A platéia participa repensando e analisando, com base na cena protagonizada, suas respostas ou sua forma de se relacionar. Ela não assiste, mas participa de suas inquietações. *O palco formado é para a transformação de todos: protagonista, egos e platéia.*

A *metrum* (medida) será restabelecida; não mais existirão vítimas ou algozes, certos ou errados, mas a luta para restabelecer a justiça e a *moira* (destino) de cada um. Seremos então deuses criadores e libertadores do ser humano em nós.

Assim, a flexibilidade nas ações, nos diferentes papéis, passa a ser o objetivo do ser humano que é capaz de criar, modificar e transformar sua ação, por meio de formas mais saudáveis e responsáveis nas relações, trabalhando a alma social com seus diversos papéis (sociodrama) ou a alma individual (psicodrama).

Conforme o diagrama da página 28, temos como *primeira etapa* o *Input*, ou as entradas: jogos, atividades e/ou *cases* para aquecimento e levantamento do primeiro diagnóstico com o grupo. Ela provoca a expansão de consciência da percepção de si mesmo ou ratifica a maneira de atuar no mundo circundante

Na *segunda etapa*, a reflexão e o compartilhamento. No início, o trabalho é individual, é a performance durante a atividade, o que amplia a maneira de pensar sobre si mesmo, criando assim uma brecha para sair do ensimesmamento. Passamos em seguida para a reflexão grupal: a percepção de um participante agrega a do outro e, por meio de comparações e diferentes visões sobre o mesmo processo, ambas ampliam o mundo interno. É preciso, então, ser feita uma síntese do processo de cada pessoa: o que se acredita *versus* o que os outros percebem. É necessária uma nova reflexão com base no compartilhamento, para que sejam obtidos resultados mais concretos.

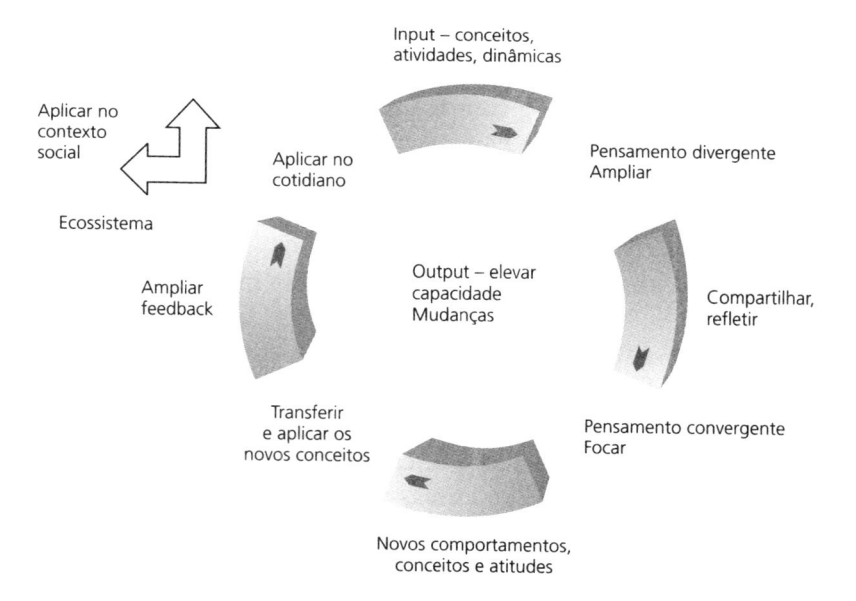

Input – conceitos, atividades, dinâmicas

Pensamento divergente
Ampliar

Compartilhar, refletir

Pensamento convergente
Focar

Novos comportamentos, conceitos e atitudes

Transferir e aplicar os novos conceitos

Output – elevar capacidade
Mudanças

Ampliar feedback

Ecossistema

Aplicar no contexto social

Aplicar no cotidiano

A *terceira etapa* é o momento da passagem para a reflexão das inter e intra-relações, focando o objetivo do trabalho daquele momento, mas abrindo-se para a vida (além da dinâmica). É o momento de refletir como cada participante do processo percebe a experiência da vivência no cotidiano.

Durante a *quarta etapa*, o resultado das três primeiras etapas precisa ser transferido para a prática, e as reflexões são extrapoladas para o contexto social. Então o grupo busca saídas saudáveis, que podem ser um plano de ação, uma cartilha de possibilidades etc.

2
Mapeamento do cotidiano e levantamento do clima organizacional

Quando somos chamadas para um trabalho, o profissional que nos contrata já tem um primeiro diagnóstico do grupo, o porquê e para que nos contrata. Seu olhar já se encontra afetado pelo cotidiano, e nosso cuidado é não nos deixar contaminar por esse olhar. Nosso olhar deve estar aberto, e não com respostas preconcebidas.

Não é uma tarefa fácil, afinal o cérebro automaticamente associa idéias e conceitos aos primeiros sinais que recebe. Apenas o fato de saber se a empresa é governamental ou privada, familiar ou de associação já suscita vários conceitos preconcebidos – conservas culturais, como chamamos.

Este é nosso primeiro aquecimento como diretoras: inteirarnos a respeito do segmento ou área em que trabalha o grupo, qual sua função, qual o problema apresentado e o que se espera da intervenção psicodramática. Nessa reunião, os dados que obtemos não podem ser tomados como verdade absoluta, pois resumem apenas o olhar de quem contrata.

Já de posse de algumas informações, organizamos uma proposta e planejamos uma intervenção. Planejar não significa fechar; planejamo-nos para ter o que mudar *se* e *quando* necessário. O que não se altera é o objetivo geral e final do treinamento, motivo para o qual fomos contratadas.

Nosso segundo aquecimento acontece no início dos trabalhos, geralmente com uma atividade que tem o objetivo de aprofundar o diagnóstico e tomar contato com as necessidades do grupo. Nesse momento procuramos conhecer os membros da equipe e receber o maior número possível de informações com o olhar atento e aberto para auxiliar o grupo a se perceber, conhecer-se e resolver os próprios conflitos. Como em todo processo de aprendizagem, a eficácia não está na informação racional, e sim na forma como esta é recebida e apreendida. O facilitador é, nesse caso, quem possibilita ampliar a visão, mas apenas o grupo enxerga e amplia o conhecimento.

É diante do grupo que podemos aprofundar o planejamento e o nosso olhar, aquecendo-nos para abrir novas possibilidades de visão e começar de fato a mapear o que ocorre: o diagnóstico de como está o grupo, de quais facilidades e dificuldades encontra no cotidiano. Nesse ponto, tentamos deixar a proposta o mais aberta possível, pois ela vai nos nortear e mostrar como e para onde conduzir o grupo.

A primeira atividade sempre será uma apresentação individual, pois o grupo é constituído de vários "eus" e cada um tem sua importância no todo, sendo que sua presença ou ausência faz toda a diferença. Após essa apresentação individual, o grupo demonstra um pouco de seu cotidiano, as dificuldades vinculadas com os pares, com a estrutura da empresa, com a chefia e/ou com a função.

Temos dois focos no trabalho:

- Mapear o cotidiano e direcionar o trabalho a ser desenvolvido, isto é, levantar e reconhecer o que ocorre no dia-a-dia do grupo, tendo sempre em foco o objetivo do trabalho (por exemplo, a integração da equipe ou o início de uma nova fase da empresa). Reconhecer a fase em que o grupo está e para onde quer ir.
- Levantar o clima organizacional. Este foco é mais complexo e necessita que seja feito o cruzamento de dados das várias

áreas, a classificação dos dados apresentados e a análise destes para posterior intervenção, quando necessária. Nesse momento, é a percepção do consultor para a leitura dos acontecimentos e das tramas emocionais que envolvem o grupo que pode fazer a diferença.

Não diagnosticamos apenas com base nas conversas ou em perguntas e respostas, pois as resistências aparecem de forma consciente e inconsciente e dificultam um olhar mais amplo. Com os jogos, os participantes sentem-se mais espontâneos, o que facilita o aparecimento dos pontos mais importantes em questão.

Nossa postura pretende facilitar que todos se coloquem o máximo possível, sem se preocupar com juízo de valores. No caso do mapeamento do cotidiano, é importante que acreditem na disposição da empresa e da consultoria para melhorar o clima e entendam que para que as mudanças necessárias ocorram será necessário um olhar para o que de fato está ocorrendo (no fato e no imaginário do grupo).

O psicodrama otimiza e reduz o tempo gasto com o diagnóstico, se comparado com questionários e levantamentos individuais normalmente utilizados. O psicodrama é mais rápido. Por exemplo: em uma empresa de duzentas pessoas, conseguimos ter o levantamento do clima organizacional em apenas uma semana.

Além disso, ao mesmo tempo que fazemos o diagnóstico trabalhamos o processo, e o grupo levanta os problemas e dificuldades em conjunto já com perspectivas de solução e/ou aprofundamento de alguns dados, tornando-se co-responsável pelos resultados. É a pesquisa-ação.

O trabalho, desde o início em grupo, permite o desenvolvimento da sinergia, acelera o processo de mudança e fornece subsídios para novas propostas de trabalho tanto da consultoria como da empresa.

A partir daqui, apresentaremos uma experiência antes de continuar a teorizar sobre o trabalho.

Relato de experiência – Mapeamento do cotidiano

Objetivo: diagnosticar e intervir nas questões relacionais da equipe.

Público-alvo: empresa de prestação de serviços, grupo de profissionais com nível superior.

Número de participantes: 20.

> ### ATIVIDADE
>
> **1ª atividade:** levantamento de expectativas.
>
> **Objetivo:** alinhar e levantar as expectativas.
>
> **Tarefa:** cada componente do grupo foi convidado a visualizar um objeto existente na sala onde estava como símbolo da expectativa que tinha do término do trabalho.
>
> **Análise de processo:** todos apresentaram suas expectativas dando ênfase ao foco relacional. O relato que mais nos chamou a atenção foi o de um participante que usou uma lâmpada como metáfora, dizendo que no momento a lâmpada que estava acesa na sala era de 40 watts, mas após o trabalho ele gostaria que o grupo se acendesse como uma lâmpada de 100 watts. Quando ele explicitou essa expectativa, todos concordaram com a cabeça, e alguns disseram: "É isso aí". Outros escolheram uma porta, de fechada a aberta. Outros tiveram uma expectativa mais técnica: cadeira com base sólida, quadro de escrever com maior conhecimento etc.
>
> Nossas perguntas internas como diretoras eram: o que leva um grupo a estar tão pouco iluminado? O que ocorre no dia-a-dia para que isso aconteça? O que deve ser aberto?
>
> Com essas perguntas, nosso objetivo é o de explorar mais esses dados. Se tais questionamentos fossem feitos simplesmente de forma verbal, e não com o uso de metáforas, o comum seria virem as queixas básicas, feitas pelo discurso já estabelecido. Assim, propomos outro jogo para aprofundar a questão e o diagnóstico.

Atividade

2ª atividade: mapeamento do cotidiano.

Objetivo: mapear o cenário atual da área e a sintonia do grupo. Aprofundar as questões.

Tarefa: subdivididos em quatro grupos, os participantes criam uma música que retrate o cotidiano. Cada grupo realiza sua apresentação, e em seguida o diretor compartilha com o grupo sua leitura de cada conteúdo (principais aspectos). Descreveremos duas delas como exemplo.

La Marseillaise
(Hino francês)

Alô, trabalhadores da (nome da empresa)
Vamos todos enfrentar
A corrida das vendas
E do orçamento pra agradar
Sempre sempre na corrida
Meus colegas também tão
Já estamos bem cansados
E a fumaça a sair
Lá em casa todos dizem
Já vem vindo o leão
Que faço agora eu não sei não
Estou rindo de tudo para não enlouquecer
Os e-mails estão chegando e eu......tan tan tan

Cotidiano
(Chico Buarque)

Todo dia fazemos tudo sempre igual
Acordamos às seis da manhã
Com aquela preguiça descomunal
Para enfrentar a braveza gerencial
Oito horas continua sempre igual
Os meus colegas pegando no meu pé
Vem o chefe pedindo relatório e você
Sabe sempre como é
Quando olho no relógio cinco horas
Já vão dar
Minha mesa está abarrotada
Tô pensando já em ir embora
Para minha casa para amanhã a
Minha rotina retornar

Compartilhamento do grupo:

A partir daí, começamos o compartilhamento: "Como se sentiram fazendo a atividade?"

— Pudemos falar das dificuldades rindo, como é bom ver que não estamos sozinhos nas queixas; foi um alívio!

— O gerente estar junto e podermos mesmo assim partilhar; isso é ótimo!

Reflexões feitas com o grupo com base na letra e na melodia escolhida:

A *Marseillaise* é um hino, ou seja, uma exaltação a um local, uma pátria. Portanto, é sempre um convite para defender e ser defendido. A música *Cotidiano* é um convite à mudança e a sair da monotonia, para não morrer de tédio. A forma de o grupo se apresentar (um participante encostando-se no outro, ou marchando) também sugeriu muitas "leituras", que não seriam tão ricas se somente conversássemos sobre o cotidiano.

Pressão para resultados, administração de tempo, desmotivação, liderança e papel familiar também foram temas levantados.

Optamos em seguir o caminho da sinergia e da co-responsabilidade nas tomadas de decisão (liderança situacional) e sinergia.

ATIVIDADE

3ª atividade: nó humano.

Objetivo: refletir sobre o trabalho em equipe.

Tarefa: em roda, os participantes entrelaçam as mãos para desfazer o nó.

Análise do processo: durante a tarefa, quando havia uma idéia para buscar a saída, todos tinham de segui-la; no entanto, cada um queria que a sua solução fosse seguida, e assim gastaram tempo fazendo e refazendo o caminho. Após a dificuldade de desatarem o nó, eles refletiram e discutiram muito sobre o processo.

Compartilhamento do grupo:
O grupo ficou desconfortável e frustrado por não conseguir desatar o nó. Discutiu a falta de direção, comunicação, esforço, paciência e atenção que dificultou a percepção de um objetivo comum e facilitou a falta de compromisso.

> **Reflexão com o grupo:**
> A crítica pela falta de gerência ou gerência "brava" agora recai sobre o ombro do próprio grupo. A falta de tempo não se dá pela dinâmica demonstrada nessa atividade? Como um ajuda o outro?
> Após mais dois jogos para aprofundar essas questões, iniciou-se a procura de saídas saudáveis, determinadas pelo próprio grupo. Levantaram o que facilitaria o plano de ação no cotidiano (ver capítulo 13) e o compromisso assumido pelo grupo.
> Ao sair, o grupo descreveu como estava terminando o trabalho. O comentário que mais nos chamou a atenção foi: "Discutimos coisas profundas e difíceis, mas com muita leveza, pois tratamos de coisas da alma, e a alma é leve".

Um pouco da luz da teoria

Como é bom trabalhar com gente. É sempre surpreendente. Trabalhamos com afeto, afetamos e somos afetados por tudo que fazemos, mas não podemos apenas agir; é preciso ter uma reflexão teórica. Pesquisa–Ação–Reflexão.

Um importante assunto discutido por psicodramatistas em salas de aula, em pequenos grupos ou congressos, é o contrato de trabalho psicodramático. Victor Dias, no livro *Psicodrama: teoria e prática*, escreve sobre o assunto, caracterizando o contrato terapêutico. Com base nessa descrição, comentamos o contrato de trabalhos nos grupos organizacionais.

Um primeiro ponto é procurar estabelecer a relação entre cliente e consultor (normalmente RH e consultoria), clareando limites e possibilidades de trabalho e enfatizando que ao final do trabalho há uma devolutiva com relatórios e planos de ação propostos pelo próprio grupo envolvido. A confiança na bagagem do consultor, o levantamento das expectativas e a explicação sobre a metodologia estabelecem um clima de confiança e um campo mais relaxado entre as partes.

O segundo ponto é estabelecer o contrato grupal. Assim como Dias, estabelecemos dois tipos. O primeiro se relaciona com a reflexão individual, intrapessoal, a qual não necessita ser explicitada. Chamamos essa reflexão de "solilóquio" (falar com o próprio umbigo), e ela reflete sobre sua vida, suas posturas e seus comportamentos, e somente será aberta se o participante assim o desejar.

O segundo tipo proposto é a reflexão interpessoal, e esta sim é analisada e partilhada, sem buscar culpados ou vítimas durante o processo, mas sim o entendimento das relações e as possibilidades de crescimento com base nas reflexões alcançadas.

Esse aspecto é relevante porque é muito comum que nos primeiros momentos os indivíduos fantasiem não só com a figura do consultor, mas com o tipo de intervenção. Sempre que há chamados para a intervenção no aspecto comportamental, as fantasias surgem e precisam ser clareadas.

A consultoria é mais curta que um atendimento terapêutico e acompanha a proposta de Moreno de que todas as sessões tenham começo, meio e fim muito bem definidos. Com isso, rapidamente podemos mostrar a que viemos. O que pode suscitar maiores fantasias são os efeitos posteriores aos trabalhos e a dificuldade em acreditar que tão rápida intervenção seja eficaz e eficiente.

O diagnóstico

Zerka Moreno comenta, em seu livro *Realidade suplementar e a arte de curar*, o trabalho diagnóstico que desenvolveu junto com Moreno. Diz ela que Moreno buscava diferenciar o diagnóstico da "categorização" realizada em diversas outras metodologias. A categorização era considerada por ele um rótulo patológico definido pelos médicos, e todo o tratamento era norteado a partir dela. Segundo Zerka, Moreno também categorizava seus pacientes, principalmente na psiquiatria, ou não teria credibilidade para atuar nos hospitais, mas não se fechava nessas categorias.

Quando criticado por não se comunicar com os colegas de modo aceitável, ele explicou que o diagnóstico em psicodrama é muito claramente iluminado pelo próprio processo. Portanto, o diretor toma decisões terapêuticas e dramáticas com base nos achados à medida que o psicodrama se desenrola. O diagnóstico é feito espontaneamente e usado para decidir as cenas e as interações. (Zerka Moreno, 2000, p. 101)

O diferencial de Moreno estava no trabalho terapêutico em si, em suas crenças de que não é possível fechar ou rotular, com o perigo que o estado e o momento do paciente ou grupo e a própria evolução do processo não sejam percebidos. A filosofia que norteia seu trabalho, da qual falamos no capítulo anterior, é exatamente esse diferencial: olhar o ser no mundo não com os próprios olhos, mas com os olhos de quem o vê.

À medida que trabalhamos com um grupo, damos espaço para que manifestações espontâneas nos mostrem as necessidades do momento, e assim trabalhamos no aqui e agora, por meio do olhar do próprio grupo. Diagnóstico e intervenção dão-se as mãos em todo o caminhar.

Como comentamos no início deste capítulo, no primeiro contato com a empresa estamos inteiramente abertas para um primeiro diagnóstico, ouvindo sem fechar ou "categorizar" os participantes ou o grupo. No início do treinamento ou da sessão, já temos um objetivo claro do que pretendemos desenvolver (demanda da empresa), mas continuamos com disposição para receber o grupo em seu estado e momento. Levantamos à medida que surgem os temas próprios daquele grupo, e vamos realinhando nossos caminhos sem perder o foco nem o momento.

Utilizando, dessa forma, a definição de diagnóstico nas empresas, esperamos que cada indivíduo se mostre e se veja intervindo no seu próprio processo de mudança e aperfeiçoamento. Se fizermos um paralelo com a administração empresarial, trata-se do chamado PDCA (*plan, do, check, act* – planejar, fazer, controlar e avaliar cada ação de um processo, para facilitar o alcance das metas).

O objeto intermediário

Ao trabalhar com grupos organizacionais, utilizamos o conceito de "objeto intermediário", que foi criado por J. Bermudez há 25 anos para auxiliar os doentes psicóticos crônicos. Bermudez trabalha o objeto intermediário como uma relação com a comunicação natural, elaboração semelhante à vivência de papéis, representante da estrutura da personalidade. Os doentes com quem Bermudez trabalhava eram pacientes de um hospital e tinham pouco contato com o exterior. A falta de comunicação era o maior entrave e desafio para os médicos, então Bermudez queria restabelecer a comunicação interrompida pela patologia específica e derivada do longo tempo de hospitalização. Sua proposta era restabelecer uma relação com os pacientes mediante a metodologia psicodramática clássica, mas com as dificuldades que se apresentaram desde o aquecimento específico verbal ele foi trocando diferentes técnicas e estímulos, focalizando a atenção dos pacientes. Iniciou com teatro de fantoches manejados por profissionais. As respostas foram surpreendentes: o personagem adquiria um valor que desencadeava uma relação de comunicação (eu/outro/eu). Assim surgiram as máscaras, as pinturas etc. (Bermudez, 2005).

Da vivência com pacientes, pudemos transpor o uso do objeto intermediário para todo tipo de grupo nos quais a dificuldade maior fosse a comunicação. E, independentemente dessa dificuldade, os jogos simbólicos e a utilização dos objetos auxiliam o indivíduo a enxergar e ampliar o que não quer ver.

Nas organizações, a utilização dos objetos intermediários também funciona como aquecimento para eventuais cenas psicodramáticas. No exemplo de atividade deste capítulo, utilizamos a música como forma de expressão; sem esta, talvez a dificuldade em comunicar o que sentiam e percebiam em relação ao trabalho fosse intensificada e censurada. O humor tem sido a forma mais simples – e às vezes a única – de burlar a censura, no dia-a-dia, nos meios de comunicação em geral e nos meios de comunicação internos (inconsciente). O objeto intermediário vem acompanhado do humor por sair do padrão de comunicação usual, fazendo os participantes rirem e perceberem a seriedade do conteúdo que foi transmitido pela criação inusitada.

Ao mesmo tempo, o diagnóstico com objeto intermediário tem como objetivo não expor o indivíduo, e sim permitir que a estrutura organizacional seja delatada de forma adequada ao contexto da empresa. Expõe as condutas de relação e trabalho e a forma de atuação grupal, o quanto cada um contribui ou não para esse padrão relacional e o quanto se sente co-responsável para mudar ou não tal conduta, revelando-se aos outros e a si com o auxílio de objetos que permeiem essa descoberta.

3
Integração das equipes de trabalho

A integração dentro das organizações tem como objetivo articular a capacidade dos profissionais de integrar as ações para buscar um melhor desempenho.

Os profissionais de uma empresa são indivíduos, e como tal funcionam segundo a natureza humana. Faz parte dessa natureza a necessidade de se relacionar e de pertencer a um grupo, fortalecendo o sentimento de ser aceito e amado. A necessidade de se relacionar e pertencer está presente tanto na vida pessoal como na vida profissional de um indivíduo. A forma de se relacionar para poder pertencer é permeada pela visão de mundo do sujeito, a qual orienta suas condutas e as relações que ele estabelece com as pessoas em seu entorno, e pela maneira como lida com o tempo e com o espaço. Isso é o chamado "paradigma".

O ser humano é um indivíduo que necessita estar agregado a outros da mesma "tribo", sentir-se igual e amado. Assim, entendemos que, se ele não se sente pertencer, adoece física e emocionalmente em suas vincularidades. Em um ambiente profissional, as pessoas se relacionam melhor quando se sentem pertencentes, ocorrendo assim o primeiro passo para uma melhora na qualidade de vida e alavancando a eficiência, já que toda a energia é canalizada para os resultados, e não para disputas e conflitos pessoais.

Utilizamos o termo qualidade de vida como uma representação social criada com base em parâmetros subjetivos (bem-estar, felicidade, amor, prazer, realização pessoal) e objetivos (satisfação das necessidades básicas e das necessidades criadas pelo grau de desenvolvimento econômico e social de determinada sociedade) (Minayo, 2000). A qualidade de vida melhora o desempenho, mas o inverso não é verdadeiro, ou seja, melhor desempenho não assegura melhor qualidade de vida.

$$R = QV + C + H + A$$

Resultado = Qualidade de vida + Conhecimento + Habilidade + Atitude

Partindo desse pressuposto, gostaríamos de lembrar quão importante é desenvolver as relações entre os profissionais de uma empresa por meio da integração.

INTEGRA-A-AÇÃO

A integração necessita acontecer tanto entre os indivíduos da mesma área como entre os de áreas diferentes. A integração entre as áreas facilita a visão sistêmica, que consiste na compreensão do todo pela análise global das partes e a interação entre elas. Várias forças atuam nos vínculos interpessoais – internas e externas. Perceber e trabalhar as forças que interagem e as que desagregam as relações possibilita que as pessoas busquem alternativas para uma melhor sociometria no ambiente.

As forças internas são as demandas administrativas da empresa, as relações que se formam para alcançar objetivos estratégicos e as forças advindas do próprio recurso humano, ou seja, de cada funcionário no processo. As forças externas são provenientes do mercado, das políticas públicas, da oscilação mundial, entre outras. Considerando uma organização como sistema, é preciso analisar o ambiente, o conjunto de forças que possam ter alguma influência sobre o funcionamento desse sistema. O conhecimento mais profundo da dinâmica dos sistemas e da integração entre as diversas forças atuantes permite às organizações propor ações mais efetivas.

Uma empresa consegue sucesso se funcionar como um todo. Ser ótima em suas partes não basta, se isso não significar que os resultados serão atingidos no conjunto. A busca de maior integração exige, como estratégia, aguçar a percepção de cada integrante do grupo na sua forma de se relacionar com o todo.

Edgar Morin (2001) lembra que para pensar no macro é preciso uma reflexão do micro; no entanto, uma abordagem mais ampla que contemple o todo está fragmentada na hiperespecialização dos saberes promovidos pelo ensino, o que acarreta uma visão isolada e parcial.

Assim, nas empresas, as diferentes competências (especializações) facilitam a visão sistêmica, desde que a interdisciplinaridade das distintas funções e os conhecimentos pertinentes a cada uma delas esteja a serviço dos resultados, não sendo uma forma de poder pessoal. Esse é o chamado poder da informação, em que um profissional sabe o impacto de uma decisão no todo e a explicita. Acreditamos que a conscientização da importância individual como elemento fundador da estrutura grupal contribui para diminuir a rivalidade entre os profissionais, criando um ambiente mais harmônico e cooperativo. Melhora a auto-estima, diminui a rivalidade.

As pessoas reconhecem as próprias habilidades e competências? Estas, por sua vez, são reconhecidas pelo grupo? Tendo um sim como resposta, as metas agora são:

1. Instaurar um espaço organizacional que permita ao indivíduo agregar valores ao grupo por meio de suas habilidades e competências.
2. Instaurar um espaço de trocas que permita o redirecionamento das percepções equivocadas a fim de realinhá-las, otimizando a dinâmica do grupo.

Fica claro, portanto, que a organização de um grupo se efetiva pela rede de relações interpessoais. Esta, dentro das empresas, passa necessariamente pela sinergia, que é resultante dos diferentes indivíduos com suas respectivas potencialidades. Assim, é mais fácil alcançar os objetivos apenas com o esforço necessário e com menos desgaste pessoal.

Relato de experiência: Integração para a INTEGRA-A-AÇÃO

Objetivo: intervir para integrar a equipe.
Público-alvo: área financeira, gerente e equipe.
Número de participantes: 30.

> ### ATIVIDADE
>
> **1ª atividade:** apresentação.
> **Objetivo:** receber e aquecer o grupo.
> **Tarefa:** cada participante escolhe outro como se fosse convocá-lo para a seleção de seu time, dizendo em que área ele jogaria e fazendo o crachá com o nome do colega e a posição que ele ocuparia na seleção. Por exemplo, Marcos diz: "Selecionei João para ser goleiro, pois ele não deixa escapar as atividades e sempre nos protege".
> **Compartilhamento:** os participantes ficaram emocionados com a imagem que passavam, pois ignoravam a percepção que quem trabalhava com eles há tanto tempo tinha a seu respeito.

> ### ATIVIDADE
>
> **2ª atividade:** jogo da corda.
> **Objetivo:** refletir sobre o trabalho em grupo.
> **Tarefa:** os participantes são subdivididos em três grupos. Cada grupo recebe uma corda e vendas para os olhos. Em seguida, devem colocar as vendas e formar um quadrado perfeito com a corda que

receberam. São solicitados dois voluntários para observar e dar *feedback* ao grupo. Assim temos, além dos relatos pessoais, alguém do próprio grupo que estará fora da ação e pode trazer contribuições, posto que sua percepção da atividade é mais distanciada.

Interpretação dos observadores: grande parte do grupo se sentiu confusa com o fato de estar de olhos vendados e ter de agir em conjunto. Os grupos que se organizaram indicando a tarefa de cada um conseguiram com maior facilidade. Os que não integravam a ação, com cada participante querendo fazer de um jeito, ficaram mais tempo no caos.

Compartilhamento: os participantes falaram da dificuldade de se sentir sozinhos: como achavam que somente eles estavam errando ou que sua idéia não fôra ouvida, a insegurança aumentava. Alguns reclamaram da falta de liderança, o que gerou uma discussão. Nossa pergunta como coordenadores foi: qual a co-responsabilidade de cada um para que haja falta de liderança?

ATIVIDADE

3ª atividade: ativando os sentidos para execução de planejamento.

Objetivo geral: planejar e executar uma atividade em grupo.

Objetivo: introduzir conceitos relacionados a planejamento, processos, procedimentos e parceria em equipes para aquele grupo de trabalho. Optamos por fazer novamente um trabalho com olhos fechados para que o processo vivenciado anteriormente, na 2ª atividade, fosse "reparado" e cada um pudesse buscar uma forma diferente de atuação.

Tarefa: cada participante recebe uma fruta (nesse caso utilizamos a maçã) numerada. Por alguns minutos, são orientados a usar os sentidos (tato, olfato, visão) para percebê-la. Em seguida, devem fechar os olhos e continuar, ainda por alguns minutos, a perceber a fruta escolhida (tato, olfato). Após isso, ainda de olhos fechados, entregam a fruta ao facilitador e recebem uma venda para os olhos. Com os olhos vendados, todos os participantes ficam em pé e devem localizar a mesma fruta que haviam recebido. São solicitados dois voluntários para observar e dar *feedback* ao grupo.

Interpretação dos observadores:

Observador 1	Observador 2
Pessoas estáticas após o início da busca. Troca de informação tumultuada, caótica. Cansaço, acomodação, tentativa de organização, liderança, diferentes idéias sem uso, centralização das frutas e dificuldade de solução. Sensação de incapacidade. Necessidade de se convergir com outro. Falta da informação necessária. Falta de ouvir o outro. Felicidade de quem encontra a fruta. Tentativas isoladas de trabalho em equipe. Todos falam e não chegam a um consenso. Alguns encontram sua fruta e param. Alguns tentam se organizar e organizar o grupo. Iniciam a negociação com a troca das frutas, sem sucesso. Alguns pedem ajuda em vão. Um membro tira a venda quatro vezes durante o exercício. Um elemento esconde frutas como forma de atrapalhar o concorrente. Os grupos não conseguiram finalizar a tarefa até que apareceram os líderes situacionais, que organizaram o grupo para que todos encontrassem sua maçã.	Pessoas saem "de quatro", atabalhoadas, procurando as frutas de forma aleatória. Ninguém se entende, há tentativas de organização e pessoas com mais de uma fruta que não compartilham. Assim como há menos informações que o necessário, há idéias de várias pessoas (ânsia pela meta), "mercado de peixe"; há necessidade de organizar o processo. Espera de um líder, ouvir, falar, controle, conhecimento, "muito cacique para pouco índio"; com os erros se aprende. Não há planejamento. Alguns jogam sujo. Escutar mais o saber de cada um, ouvir e refletir mais antes de agir. Depois de muita bagunça apareceu um líder, mas logo apareceram vários querendo ser líderes. Muita confusão, muito "disse-que-disse". Pessoas perdidas, sem rumo. Sensação de desespero. Ao final, reorganizaram-se e conseguiram achar a maçã, sentindo-se vitoriosos com isso.

Compartilhamento: foi feito um paralelo entre o acontecido durante a atividade e as atividades da função profissional de cada participante. Comprovou-se que a dificuldade oriunda da falta de um líder

> poderia ser amenizada com a co-responsabilidade de cada um e o planejamento prévio, assim como com o costume de um ouvir o outro durante as atividades. E brincam dizendo: "Tem muito cacique para pouco índio".
>
> Assim, o próximo trabalho desenvolvido foi a elaboração de "regras para ganhar os jogos em equipe", uma alusão à primeira atividade, que tratava de jogos que necessitam de times. Utilizamos outras dinâmicas no intuito de treinar o trabalho em equipe e finalizamos com o Trem® (ver capítulo 13).

A matriz dando cores às relações

No início deste capítulo, vimos a importância das competências individuais para o sucesso de um negócio. Então perguntamos: como se estabelece a competência ou a não-competência diante de algum fato da vida? Como selecionar rapidamente, dentre as diversas possibilidades de respostas, a mais adequada em um mundo de mudanças? Como podemos, imersos em uma situação e com um único ângulo de percepção, assegurar-nos de criar novas respostas, adequadas, e não apenas repetir as antigas respostas?

Moreno nos auxilia na resposta a essas perguntas com a teoria da matriz de identidade e da espontaneidade. Segundo ele, o processo de estruturação da identidade de um ser humano inicia-se no ato da fecundação, e daí por diante percorre um longo caminho, que aparenta não ter fim, uma vez que a cada momento da vida o ser humano vivencia novas experiências que o levam a agregar novos aprendizados ou até a reelaborar aprendizados anteriores.

Esse processo tem seus fundamentos calcados em três fatores: o *locus*, o *status nascendi* e a matriz, que são complementares entre si.

"Nenhuma coisa existe sem seu *locus*, não há *locus* sem um *status nascendi* e não há *status nascendi* sem sua matriz" (Moreno, 1997, p. 105).

Locus

Entende-se por *locus* o lugar específico onde ocorre um fato, o cenário em si. Na origem de cada ser humano, o *locus* é o útero materno e a placenta onde o bebê se alimenta.

O *locus* é agente condicionante e indispensável para o processo de estruturação do Eu, porém não é determinante, não é o Eu. É notório que as condições do útero materno, a quantidade de líquido amniótico e a placenta influenciam diretamente na vida do bebê, porém não são o bebê. O *locus*, durante toda a vida, é o local de origem de um fato determinante.

Também a empresa tem seu *locus*, o cenário. Por exemplo: no Brasil ou no Japão, o líquido aminiótico é o contexto do país, que forma sua cultura.

Status nascendi

É o momento em que o fato ocorre, seu desenrolar, o "sendo". No caso do organismo humano, são os nove meses de gestação: a concepção, a gestação e o nascimento do bebê.

Então, o *status nascendi* é "algo que acontece", desencadeando o processo de concepção, e vai exigindo novas respostas até sua maturação, criando algo novo chamado "matriz". É, por exemplo, a chegada de um novo presidente na empresa.

Matriz

Matriz é a resposta que se dá para o *locus* e o *status nascendi*; ela contém e é contida por esses três momentos (*locus, status nascendi* e a própria matriz). Entende-se por matriz o elemento gerador, uma resposta a um estímulo. Para o recém-nascido, é o óvulo fecundado.

Matriz de identidade é o lugar do nascimento, a placenta social, pois estabelece a comunicação entre a criança e o sistema social da mãe. É a resposta dada pela criança ao meio em que está inserta, relacionando-se entre pessoas e determinado clima. Os vínculos criados na matriz familiar possibilitam o desenvolvimento do indivíduo e sua inserção na matriz social. A forma como lida com as relações interpessoais de seu dia-a-dia originaram-se na maneira como aprendeu a lidar com a matriz familiar.

Portanto, não existe matriz sem *locus* e sem *status nascendi*, ou seja, toda resposta depende de um momento, de um local e de algo que a estimule. Esse é o único fator que pode sofrer modificações, pois está ao alcance da observação e da intervenção para ser transformado e/ou realçado.

Sendo assim, em uma sessão psicodramática ou em uma intervenção grupal, ao investigar um sintoma recorremos ao *locus*, no qual tal ocorrência está enraizada, a fim de conhecer seu processo evolutivo – *status nascendi*. Mas a intervenção somente será feita por meio das respostas defensivas que foram construídas – matriz.

Assim como o indivíduo tem uma matriz, o grupo também possui a sua; são respostas aprendidas no cotidiano e a ele devolvidas. Essa teoria nos auxilia a conduzir e compreender os processos grupais, refletindo com os grupos e retomando a busca das saídas saudáveis.

O quadro 1 (páginas 52 e 53), desenvolvido com base na teoria da matriz, analisa as pressões e os movimentos grupais durante o processo de mudança, valendo-se de Moreno e Bion na teoria de processo grupal.

Momento de grupo

As fases demonstradas no quadro 1 não são estáticas: assim que algo novo surge, elas recomeçam. Toda mudança ameaça o padrão preestabelecido e nos coloca na fase do caos novamente. Se ocorre um desequilíbrio interno, ocorrem reações; nesse início de caos, condições latentes são percebidas, e o conflito pode aparecer como pressão de diversos tipos:

Psicológica:
- bloqueio da percepção;
- lapso de linguagem;
- distração, esquecimento;
- distúrbio psicossomático.

Fisiológica:
- temperatura corporal;
- pressão arterial;
- movimentos viscerais.

Social:
- argumentações lógicas;
- brincadeiras;
- comentários irônicos.

Mesmo sem atingir as outras fases, retorna-se para as primeiras. Algumas pessoas ou grupos mantêm-se tempo demais em determinadas fases, e é nesse tipo de grupo que a intervenção se faz necessária, mas sempre de acordo com sua fase e suas características específicas.

A sessão contém:
- O *palco*: lugar em que a cena acontece. É lá que o protagonista luta contra os "deuses" internos que o dominam, para encontrar novas respostas (espontâneas).
- A *platéia*: beneficiada pelo trabalho do *protagonista*, pois este representa o tema do grupo.
- O *diretor*: dirige o protagonista ou o tema protagonista (no caso de psicodrama na empresa).
- O *ego auxiliar*: lê o mapa de direção e sensibilidade do grupo, para facilitar a atuação do diretor.

A sessão tem três fases:

1. *Aquecimento*: preparação para a ação.
2. *Jogo*: dramatização com o objetivo de explorar e incorporar a realidade.
3. *Compartilhamento*: reflexões de como a cena mobilizou cada pessoa presente.

Resumindo:

A sessão segue um padrão de aquecimento e jogos. Devemos usar os jogos de acordo com o tema *protagonizante*. Por exemplo: quando se fala muito em "pressão", de que pressão se está falando? Tempo? Confiança, pois mudou a diretriz?

O jogo serve para *explicitar* a questão a ser trabalhada e a atuação de cada pessoa no processo. Dessa forma devemos sempre buscar a *catarse de integração* ou *saída saudável*.

O jogo pode ser aplicado para:

- *maximizar* uma questão ou um processo que visa a elaboração ou diagnóstico;
- *concretizar* um tema que ainda não esteja claro para o grupo, ou que faça parte do imaginário;
- *espelhar* uma situação, ser visto como algo externo ao próprio protagonista, valendo-se de objetos intermediários.

Devemos atentar ao estilo de grupo e à sua fase, pois o resultado esperado é sempre aquele que ocorreu, e não a expectativa do coordenador (voltaremos à questão "estilo do grupo" nos capítulos 5 e 12).

Quadro 1 – Fases da matriz e formação de grupo, conduta e técnicas a serem utilizadas e observadas

FASE	CARACTERIZAÇÃO DA FASE	CONDUTA DO FACILITADOR	TÉCNICA A SER UTILIZADA
CAOS, INDIFERENCIAÇÃO	Há desconhecimento, expectativas e necessidade de referenciais. A emoção básica é o *medo*. Necessidade do grupo: afeto; aconchego para adquirir confiança e espontaneidade.	Dar informações claras, precisas e em quantidade "suficiente" para esclarecer a situação. Requer do diretor calma, capacidade para dialogar e entender o outro, disponibilidade e espírito de ajuda e proteção.	*Técnica do duplo.* O outro ajuda a explicitar as emoções. Por meio do ego-auxiliar ou do jogo, a emoção é expressa pelo protagonista.
ESTRANHAMENTO	Aparecem dúvidas, desconfianças, resistências, questionamentos. O grupo já começa a ganhar autonomia, como quando o bebê engatinha e inicia a separação da mãe. A emoção básica é a *raiva*, pois já não há o "colo idealizado". Necessidade do grupo: que o diretor dê mais liberdade, mas com limite, e mantenha o contato afetivo.	Continuar esclarecendo, explicitar as diferenças (vantagens e desvantagens, o que era e o que será). Requer segurança e capacidade de argumentação do diretor.	*Técnica do espelho.* Eu me vejo no outro; o protagonista torna-se um espectador de si mesmo. São jogos com função de reflexão para a autonomia do grupo, ou de se ver no "espelho". Dependendo do grupo, são feitas filmagens e leituras das cenas.
DIFERENCIAÇÃO	Compreensão e percepção do que ocorre com o grupo. Justificar ou culpar os outros pelos fatos já não é suficiente para a liberdade desejada. Ainda há resistência à mudança. É o princípio da emancipação e da espontaneidade: buscar novas respostas a antigos estímulos. As reflexões são mais profundas, a elaboração é para a emancipação de cada participante. A emoção básica é a *tristeza* (separação do outro). Necessidades do grupo: limites negociados, respeito, porto seguro, orientação para o espaço de cada um.	Solicitar mais reflexão, pedir esclarecimentos, sugestões e alternativas; expor a situação. Requer da direção flexibilidade, capacidade para ouvir, objetividade. Relação de ajuda: proteção adequada, limites compartilhados e negociações com relativa liberdade.	*Técnica do solilóquio.* Cada participante "fala" consigo mesmo: o protagonista verbaliza suas emoções. Nesse momento são feitos jogos ou dramatizações que permitem a manifestação de emoções.

Continua

Sociodrama nas organizações

Continuação

FASE	CARACTERIZAÇÃO DA FASE	CONDUTA DO FACILITADOR	TÉCNICA A SER UTILIZADA
JOGO, INTERPOLAÇÃO	Experimentação de novas respostas, imitação, descobrimento do novo, empolgação, teste de capacidade. A emoção básica é a *alegria*. Necessidade do grupo: proteção reduzida, lembrando os limites, de maior liberdade para que crie suas próprias regras.	Estimular a prática, acompanhar de perto, orientar, ajudar a corrigir o rumo, criar novas situações. Requer o desprendimento da direção, "não querer ser aquele que sabe" e ter muita energia com persistência.	*Técnica da interpolação.* Ir além do esperado: a contracena é alterada, exigindo nova resposta. São jogos de regras e mudanças de regras. Cenas com interpolação nas quais a atividade é alterada enquanto decorre, com inserções ou intercalações inesperadas.
INVERSÃO DOS PAPÉIS	Inovação, evolução, criação própria, segurança e busca do domínio de si mesmo. A emoção básica é o *afeto*. Necessidades do grupo: não estão mais centralizadas no coordenador, mas no próprio grupo, que dá a proteção. Há grande liberdade e o limite deve ser reduzido.	Supervisionar, estimulando a absorção de novos conhecimentos. Requer autoconfiança e capacidade para afastar-se (delegar), permitindo a cada um mais liberdade de ação e criatividade. Relação de ajuda: pouca proteção, limites reduzidos e grande liberdade.	*Técnica de inversão de papéis.* Troca de papéis: assume o papel do outro. Jogos ou dramatização *role-playing*: os participantes assumem a direção.

4
Dramatização na empresa

A empresa é como um grande teatro no qual os papéis desempenhados são os papéis profissionais. Os atores vestem gravatas, ternos e saltos, figurino escolhido como aquecimento a cada dia para compor o personagem. Um roteiro, como no palco, também necessita ser cumprido. Normalmente ele está escrito na agenda, são os passos e as entradas importantes para concluir as metas e a missão. A marcação do palco, conhecida como *layout*, demarca o *status* dos principais atores e o lugar dos coadjuvantes. A cultura organizacional delimita o estilo do desempenho do papel e da comunicação entre os atores. Os profissionais explicitam emoções de acordo com o drama pessoal e com o drama cultural (da organização). Na comédia, os profissionais são alegres piadistas; quanto maior o desafio maior a extroversão. Na opção pela cultura da tragédia, vemos os profissionais manifestando as dificuldades veementemente. Na novela mexicana, vemos se desencadear um clima de rivalização, onde mocinhos e bandidos lutam para que prevaleçam suas idéias. E temos também o teatro racional, em que a contenção das emoções predomina, com um discurso mais mental.

Traçando um paralelo entre a empresa e o teatro, podemos perceber a importância de trabalhar com a dramatização nas organizações. Essa analogia é rica para explicitar cenários, planos e reflexões sistêmicas da empresa.

Não podemos esquecer que para o teatro existir é preciso ter um roteiro, com heróis, mocinhos, vilões etc. Cada personagem deve ser ator e autor, dando "cor e textura" ao papel que desempenhará por meio da própria personalidade.

Diariamente se abrem as cortinas, surgindo os atores principais e os coadjuvantes, todos relevantes para o resultado da peça. Todos desempenham seus papéis buscando os aplausos (que também podemos chamar de salário, bônus, reconhecimento etc.) ao final de cada ato. Os coadjuvantes esperam que seu desempenho seja notado para passarem para o papel principal, e os principais se esforçam para manter seu lugar ao sol. Todos devem perceber e constatar sua importância na vida e no teatro, pois a relevância de cada um aparece à medida que o espetáculo permanece em cartaz.

Os profissionais iniciam seu papel no cenário da vida desde a infância, estudam-no imitando pais, familiares, amigos e profissionais com os quais mantêm contato. Preparam-se desde cedo e são preparados por todos os que o cercam. Pergunta-se para a criança o que ela vai ser quando crescer, como se o processo de crescimento já não contemplasse um ser humano que contracena em seu próprio enredo de vida. Pede-se uma definição clara, rotulada, estigmatizada do seu papel de adulto, principalmente o profissional. A criança brinca para aprender, e em suas brincadeiras dramatiza. No faz-de-conta ela vivencia uma liberdade sem fim, sua criatividade aflora permitindo que teste diferentes papéis: pode ser maquinista, professor, executivo ou bombeiro, tudo num mesmo momento. Esse é o ensaio das possibilidades. Encenando esses papéis, aperfeiçoa-os na adolescência, mas muitas vezes já sem tanta liberdade de criar.

Se na infância iniciamos nossa aprendizagem pela dramatização, por que não usá-la para nos aperfeiçoarmos na fase adulta? Dramatizar é treinar, experimentar, mudar. É brincando que exploramos as possibilidades, e podemos lembrar que no dia-a-dia também conseguimos a mágica de ser quatro personagens diferentes ao mesmo tempo. O adulto vivencia tais papéis de outra forma, mas com o mesmo conteúdo. Conduz o planejamento como o maquinista, treina seus colaboradores como a professora, delega tarefas e apaga incêndios como o bombeiro. É uma delícia descobrir que nossas brincadeiras iniciais acabaram se tornando nosso trabalho atual, e que nossas brincadeiras atuais podem se tornar possibilidades no futuro.

Aprendemos a desempenhar certos papéis de determinadas formas durante o processo inicial de aprendizagem na vida, o que nos deu a estrutura desse papel. É a descrição do personagem. O problema aparece quando o processo é estagnado sem a flexibilidade de novas formas de desempenho. A criança ou adolescente aprendeu em outro momento, e agora na fase adulta pode dar a esses papéis novos contornos e ampliar suas facetas.

Jean-Paul Sartre, o pensador existencialista francês, desenvolve toda sua base de pensamento na crença de que o homem é o único responsável pelo seu destino. Tragédia ou comédia, dor ou prazer, dádiva ou maldição, fracasso ou sucesso... Qualquer um desses destinos só aconteceria por meio de escolhas individuais. Sartre (2005) lembra que não importa o que fazem a você, interessa o que você faz do que fizeram com você.

A dramatização na empresa pode ser uma eficiente ferramenta para o crescimento do grupo, pois a revisão de cada papel, de cada *script*, de cada cenário e a própria revisão da cultura são explicitadas e redesenhadas de acordo com as novas necessidades e adequações do cenário mundial.

O teatro ao qual nos referimos não é o teatro convencional, em que atores atuam e a plateia assiste, mas sim aquele em que todos os profissionais são *autores* e *atores* da peça, como propõe o psicodrama, pois:

- as empresas são locais onde vários *scripts* precisam ser desempenhados, tal qual no teatro;
- o *plano estratégico* é o rol do tema a ser desenvolvido.

O desafio da empresa é, na maioria das vezes, trabalhar a capacidade de regenerar estratégias. No planejamento estratégico, é fundamental favorecer a discussão de missão, objetivos, políticas, estratégias, diretrizes e mecanismos de controle e avaliação da empresa. Assim, é possível nivelar os conhecimentos e reaquecer a discussão de aspectos vitais que funcionam como norteadores da própria organização, possibilitando medidas decisivas e resultados na condução de atitudes proativas na gestão das organizações.

- *Missão*: razão pela qual o enredo existe. É necessário que ela seja conhecida e internalizada pelos profissionais e que atitudes e comportamentos destes sejam coerentes com a missão vigente. Periodicamente, é preciso repensar a missão da organização.

- *Visão*: estabelece e indica a direção e o propósito da peça e do enredo.

- *Valores*: representam um referencial abstrato da natureza moral da conduta humana e podem ser intrínsecos ou instrumentais. São reflexo das expectativas culturais, de um grupo ou da sociedade, sobre como seus membros devem comportar-se. Representam fatores impulsionadores, bem como um referencial abstrato de natureza moral da conduta humana. No teatro, os atores fazem essa representação.

- *Princípios*: conceitos fundamentados em valores que, expressos na forma de afirmações, devem nortear as políticas e as ações de uma organização. Fornecem parâmetros em relação ao que deve ou não deve ser feito e em relação ao "modo de fazer". Representam um referencial de natureza moral para a conduta de pessoas ou grupos.

- *Objetivo* e *Meta*: busca de um final feliz para os percalços dos protagonistas. O cenário, hora mundial, hora local, obriga os diretores da cena a focarem no resultado esperado.

Trabalhar nas organizações pensando na dimensão teatral favorece a criação de um espaço no qual todos falam, percebem-se e buscam reescrever a história grupal.

Relato de experiência – Autoria

Objetivo: integração e busca de metas.
Público-alvo: funcionários de diversos setores da empresa.
Número de participantes: 22.

> **ATIVIDADE**
>
> **1ª atividade:** aquecimento inespecífico.
> **Tarefa:** andar pela sala, reconhecer o grupo, cumprimentar a todos, ouvir a música, relaxar, perceber-se. Como estão? Bem? Descansados? Preocupados? Respirar, alongar-se, espreguiçar-se, entrar em contato com o espaço, com o momento, procurar um lugar para se sentar...

> **ATIVIDADE**
>
> **2ª atividade:** aquecimento específico.
> **Denominação:** contar histórias.
> **Tarefa:** montagem de uma história coletiva, com cenário, personagens de uma cidade e enredo.
> Imaginar uma cidade. Imaginar como é essa cidade, quem vive nela, como as pessoas se vestem, como se relacionam etc.
> Pede-se, então, que os participantes criem a cidade lembrando que sempre há alguém que manda, alguém que guarda as regras, gente que trabalha e outros.
> O grupo cria a seguinte história:
> "Na cidade de Crispin, havia um rei que arbitrariamente mandava os súditos fazerem coisas que, a princípio, não eram da obrigação deles. Os guardiões chicoteavam quem não o fazia. Um súdito se apai-

xona pela princesa e ela por ele, mas o soberano já a havia prometido a outro. Apareceu um profeta dizendo que a praga chegaria. Como a princesa fugiu com o ser amado, houve uma praga na cidade que dizimou a lavoura."

Atividade

3ª atividade: aquecimento específico.
Denominação: teatro grego.
Tarefa: dramatização – com a história criada na 2ª atividade, divide-se o grupo.
Alguns participantes são escolhidos como personagens centrais, enquanto outros se constituem em coro.
Enquanto o soberano e seus guardiões açoitam os súditos, o coro grita: "Mata, mata, mata!"
Com a entrada do súdito apaixonado, o coro se divide. Parte dele grita: "Casa! Vai atrás da sua paixão". Outra parte grita: "Não casa, vai haver praga e todos sofrerão".
A princesa e o súdito têm de escolher que coro seguirão.

Compartilhamento: co-relações que o grupo faz entre a história e o seu mundo profissional:

- Os tipos de liderança que se encontram na empresa, desde chefes mais liberais até chefes tiranos.
- Uma das participantes traz a ilusão do profissional recém-formado que espera desenvolver trabalhos apaixonantes utilizando as técnicas aprendidas e que se frustra com a realidade, pois o mundo real não quer saber do novo, prefere manter-se nas tradições e não permite que sonhos sejam vivenciados. O coro da empresa é: "Não pense, não crie, apenas faça".

- Outro participante diz que o coro que escuta no dia-a-dia é: "Olha o prazo! Olha o prazo!"
- Para outro, o que chama a atenção é que alguns cargos realmente já são prometidos a outros e não importa o quanto se invista e se realize para fazer jus a ele, pois quem o ocupará será aquele previamente escolhido. Como ser o escolhido?
- O grupo reflete sobre os escolhidos e sobre ter "padrinhos" na empresa sem ser "puxa-saco".
- Um dos participantes quis trazer algo pessoal, pois se identificou com o rei, tentando manter a tradição da família e preocupado com as escolhas dos filhos.
- Cada um se identificou um pouco com alguma das histórias e expôs sua maneira de lidar com essas situações no dia-a-dia.

ATIVIDADE

4ª atividade: texto "O canto da sereia".
Objetivo: com base no compartilhamento da 3ª atividade e objetivando buscar saídas saudáveis para esse *status quo*, trabalhamos o texto a seguir em uma reflexão grupal.

O canto da sereia: o rumor nas relações
O canto da sereia não é outra coisa senão a mortal promessa de um canto futuro, mas um frio vazio que só carrega a destruição. As sereias são seres inatingíveis e de voz atraente. *Elas não são mais do que o próprio canto*.

Simples estrelas prateadas sobre o mar, crista de onda, praia de brancura imaculada, que outra coisa podem ser senão a pura chamada, *o grato vazio da escuta*? Sua música mortal é o contrário de um hino: nenhuma presença é enaltecida. Seduzem não tanto pelo que querem cantar, mas pelo brilho na distância de suas palavras. O futuro de uma promessa. Sua fascinação não nasce do canto atual, mas do que ele deixa entrever.

Esse canto é a repetição do que já se viveu no imaginário e seduz pela primeira promessa de realização, mas ao se concretizar morre na praia, pois é só aparência, fogo-fátuo que se consome nele mesmo.

Ultrapassar esse canto, não se deixar envolver, *é o primeiro passo para aprender a cantar. Ouvir a voz interna.* O discernimento entre o hino e o canto da sereia é fundamental. Discernir entre as fofocas, reclamações depositadas em pessoas, e os fatos verídicos é fazer parte das soluções e não ser co-participante da morte das relações.

Ulisses, o herói grego que se amarra ao mastro do navio para ouvir as sereias sem ser atraído para o mar, ensina: o que está por trás das demandas, das queixas? Vale a pena ir atrás dessas palavras?

Ouvir com ouvidos críticos é diferente de ouvir criticando, pois o segundo modo não escuta a verdadeira voz interior, ouve apenas para rechaçar qualquer entrada. O primeiro modo é escuta ativa e atuante, com o objetivo de acrescentar para si e atuar no mundo circundante.

Fofocas e rumores *não têm sujeito, mas sim uma garganta despersonalizada*, uma gruta fria e escura cujo eco atordoa o discernimento dos desprevenidos, levando navios inteiros ao naufrágio. Os que escutam e vão atrás de fofocas *já trazem dentro de si* espaços prontos para germinar o eco desses sons. É a sedução da sereia, prometendo o impossível para a participação do nada. É o sujeito incauto a procura de uma aventura fácil ou solução irreal.

> Texto de Joceli Drummond baseado no livro
> *O pensamento do exterior*, de Foucault (1986).

Compartilhamento: ao final, os participantes refletiram sobre a proximidade de alguns dados da história com a realidade dos valores do grupo/empresa.

A garganta despersonalizada serviu para refletir as falas do cotidiano. Por exemplo: "Falaram que não teremos aumento de salário o mês que vem"; "Disseram que vão mudar os gerentes, que fulano vai embora".

Discutiram como isso ocorre com freqüência e é uma pratica da organização. Muitos acreditam nos boatos e ficam frustrados durante o período, repercutindo no clima organizacional.

A ação corretiva, ou saída saudável, encontrada foi: "Temos de nos organizar para buscar fontes e fidedignidade da notícia".

Foram elencadas outras vinte ações, entre elas:

- toda informação deve ser checada pelo ouvinte;
- deve haver mais "hinos", ou seja, as conquistas devem ser elogiadas e prestigiadas em vez de "fofocarem" sobre os acontecimentos ruins;
- reuniões periódicas devem ser realizadas para nivelamento das informações;
- os gerentes e colaboradores devem acessar mais as informações da intranet.

Resumindo: a dramatização na empresa trouxe à tona os conflitos e processos que precisam ser realinhados, e o próprio grupo como autor e ator é o único capaz de mudar seu próprio *script*.

Aplicabilidade da teoria

Metáforas são poderosas para fazer emergir conflitos e processos vivenciados por um grupo. O teatro grego, com fortes estímulos reflexivos a respeito das relações humanas, rapidamente conduz um grupo de adultos a traçar um paralelo com suas vivências diárias. Por exemplo; em vez de falar: "meu chefe sempre manda fazer as coisas na última hora", fala-se do rei exigente e dos súditos aterrorizados, ou de um sábio que contava histórias mas também impunha suas idéias.

A brecha entre realidade e fantasia da qual nos fala Moreno é a porta de amadurecimento da criança e também do adulto. É a possibilidade do novo, da saída, na qual tudo pode vir a ser. Lidar com a realidade pode ser difícil, mas ficar na fantasia pode ser ainda pior quando esta é vista como única alternativa. A capacidade de caminhar por entre as duas – realidade e fantasia – amplia a possibilidade de viver com qualidade; caminhar por uma conhecendo a brecha que leva à outra, conscientes da existência das duas e com a liberdade de transitar por elas.

Lidar com a realidade da empresa, do papel profissional, do papel social, daquilo que se desejou e do que se tem, é uma tarefa necessária, porém restritiva. Como diz Moreno, precisamos sonhar. Por meio do teatro espontâneo, experimentamos novas perspectivas para os mesmos papéis e procuramos entre a fantasia e a realidade a brecha do novo e a saída espontânea. Os participantes costumam se espantar com a verossimilhança entre o que criam como algo fantasioso e a realidade que vivenciam no dia-a-dia. Os conflitos originados entre os papéis sociais vividos e os desejados podem ser trabalhados e, em alguns casos, realinhados para a busca do desejo ou a aceitação do existente.

É muitas vezes espantoso como o cérebro caminha sempre pelos mesmos lugares, fixa as mesmas imagens e cenas. Se não nos cuidamos, somos pegos repetindo sempre a mesma fala e enxergando as mesmas coisas por não conseguirmos perceber o novo de cada situação. Ligamos no automático e não vemos que a situação não é a mesma. Por isso, quando atuamos, mesmo sem querer falamos das mesmas coisas e "deixamos escapar" o que de fato temos vivenciado. Dificilmente trazemos algo que não tem nada que ver conosco, porque isso seria sair demais do vivido. Durante o desenrolar de um trabalho, podemos alcançar o *insight* dramático.

Os papéis imaginários iniciam-se na infância (ser super-homem, astronauta etc.) e nas expectativas criadas pelos primeiros vínculos afetivos importantes (ser o salvador da mamãe, ter cultura para ser o orgulho da família etc.). Durante o desenvolvimento e o amadurecimento do indivíduo, este pode entrar em contato com a realidade e modificar e realinhar esses papéis. No entanto, alguns profissionais não conseguem se adaptar e continuam, com novos grupos, a buscar o mesmo vínculo que mantinham na infância, tentando atender a expectativas desses outros personagens sem perceber que as pessoas com que se relaciona na atualidade são diferentes e têm expectativas diferentes em relação a eles. Ou seja, vivem uma fantasia quando, na realidade, a expectativa daquele momento já é outra.

Pereira (2005), lembrando de Dom Quixote, comenta que é o protagonista quem escolhe entre viver na fantasia ou encarar a realidade. Não podemos optar ou forçar o outro a ver a realidade, mas podemos auxiliá-lo a abrir brecha entre a fantasia e a realidade, sentindo-se aceito e acolhido o suficiente para encará-la e buscar saídas. É da abertura para o novo da equipe que desenvolve o trabalho que surgirá o novo de quem participa. O conflito dramático a ser trabalhado surge quando há acolhimento à fantasia dos participantes, possibilitando a abertura para a realidade. Pereira (2005) afirma que cada indivíduo possui sua própria realidade, de como ele percebe o mundo, e o mundo tem, por sua vez, a própria realidade, em que o indivíduo materializa sua percepção, sua ação, ou seja, onde ele concretiza suas relações sociais. "Drama" vem do grego, significa ação. Teatro é ação no palco, um contexto "como se"; teatro é a arte de colocar a vida em ação – a vida externa, "real", e a vida interna, "imaginária".

Segundo Zoe, a comunicação interpessoal, direta, de pessoa a pessoa, é ainda primitiva em comparação à comunicação digital e informatizada a distância. Pesquisas revelam que aumenta o tempo das pessoas diante da TV e do computador, enquanto diminui seu tempo de contato direto, interpessoal, "olho no olho". Augusto Boal, com sua forma revolucionária de dirigir o teatro, com atuações espontâneas nas comunidades, concretiza as mudanças de forma rápida e eficaz e leva o teatro às mais diversas situações do cotidiano.

Moreno desenvolve o teatro espontâneo em grupos, sempre alcançando grandes resultados catárticos e contribuindo para a reflexão de valores diversos pela ação. Por meio da criatividade e da tolerância da unidade funcional, trabalha no tempo do grupo e o traz para o trabalho, respeitando seu próprio tema e facilitando a participação de cada indivíduo, transforma e multiplica as histórias e lendas, facilita o contexto dramático a ser sentido e vivenciado, significando em ação antes de significar em palavras.

Pensar mítica e simbolicamente é um diferencial do ser humano. É preciso que nos encontremos e retornemos aos mitos externos e internos para refletir e viver de maneira mais plena. O teatro possibilita o caminho do pensar e do sentir para ampliar e dar liberdade ao *script* da vida. O compartilhamento amplifica a reflexão e potencializa o espaço interno, dando o peso necessário às próprias questões.

Aristóteles criou o termo "catarse" no teatro, mostrando o quanto as pessoas que assistem ao espetáculo conseguem se abrir quando se permitem vivenciar as emoções do protagonista. Moreno trabalha para atingir a catarse de forma mais direta e pede ao público que vivencie com os artistas, e não apenas por meio deles.

A catarse aristotélica é a catarse trágica. Acredita-se que, exaltando as próprias culpas e confessando-as pelo sofrimento e pelo castigo, atinge-se a liberalização da alma. Esse conceito de catarse era direcionado por uma postura moralista vigente na época.

As representações dramáticas míticas, das primeiras sociedades primitivas, tinham uma função ativa de catarse ética, em que todos os participantes "encarnam" e se envolvem diretamente no ritual. É da tragédia grega que surge o "espectador" (termo derivado de *spectare*, contemplar). Aí também emerge o papel teatral do protagonista (o que luta e morre), na figura do celebrante que se destaca do "coro", posicionado no altar dos sacrifícios e atuando "como se" fosse o deus celebrado (por exemplo, Dioniso) (Zoé, 2000; Foucault, 1986).

Para Freud, a catarse surge quando a pessoa pode driblar censuras que a impediriam de lembrar certos fatos (os traumas), superando, assim, sua dificuldade em lidar com eles ou em vivenciar experiências. A técnica de Freud explora a catarse pela palavra. No psicodrama a catarse ocorre por meio da ação. Aguiar, como psicodramatista, diferencia o *insight*, que diz respeito ao indivíduo em sua singularidade, da *catarse de integração*, que seria um fenômeno da intersubjetividade (Aguiar, 1990, p. 26).

O sujeito, no teatro terapêutico, está colocado a certa distância de sua vida e seus meios cotidianos. O teatro é um cenário objetivo em que o sujeito pode passar ao ato seus problemas ou dificuldades, relativamente livre das ansiedades e pressões do mundo externo, de forma direta ou indireta, com o uso de jogos, metáforas, simbolismos. O importante é que tenha espaço para se colocar livremente.

Aquecemos o grupo pesquisando qual tema ele se propõe a trabalhar naquele momento. Quando o tema trazido ressoa no conteúdo grupal, temos o tema protagonizante. Este é trabalhado por meio de cenas que são compartilhadas ao final. Nosso objetivo é dar expressão visível ao mundo interno inconsciente, individual e/ou coletivo.

A modalidade do teatro espontâneo

Segundo Moisés Aguiar (1990, p.1), "teatro espontâneo é uma modalidade de teatro na qual tanto o texto como a representação são criados no decorrer do espetáculo, sem ensaio prévio. Em vez de textos predefinidos, são utilizados temas que inspiram as histórias".

A platéia é solicitada a participar da representação, e a história é elaborada e encenada concomitantemente. Os participantes contracenam entre si e com os atores da trupe. Esta é composta de psicodramatistas previamente selecionados e treinados para mobilizar o tema grupal. A beleza do espetáculo resulta da criatividade coletiva.

Principais aplicações:

- sensibilização e reflexão sobre problemas da coletividade;

- pesquisa de clima organizacional, atitudes e opiniões;
- enfrentamento de crises e situações de mudança;
- integração grupal;
- preparação de grupos para tarefas coletivas;
- atividades educativas;
- expressão artística e entretenimento.

As representações dramáticas

Vilaseca (s/d) comenta o fato de emprestarmos nossa subjetividade aos textos que utilizamos mesmo quando conservamos a singularidade do texto original. Afinal, já provava Moreno que uma história, seja ela contada por uma criança, seja por um historiador conceituado no mundo científico, leva sempre a própria interpretação; suas escolhas e seu ponto de partida para as pesquisas estão sempre influenciados por sua visão de homem e de mundo. O sentido da reflexão é dado por uma hipótese teórica aplicada aos fatos – e não pelos fatos em si. Assim, toda vez que ouvimos uma história levamos em conta o cenário, o momento, o grupo que a conta, a visão de mundo desse grupo, preocupando-nos sempre com uma escuta e um olhar aberto para não conduzir, e sim deixar espaço para que o co-inconsciente grupal se apresente e seja reconhecido antes mesmo de ser refletido.

Da representação mítica, na qual a regra fundamental era imitar fantasiosamente os episódios originais da humanidade, nasce a representação dramática, pelo surgimento da imitação no contexto de "como se fosse a primeira vez".

> Na antiga Grécia, as representações dramáticas dos ritos órficos são exemplo do rito mítico: o sentido da participação no ritual era ter acesso aos mistérios, incorporá-los e os compartilhar junto à comunidade de "iniciados". [...] E aqui surge a necessidade de manter o fenômeno da catarse (purificação) em sua vertente passiva, para controlar condutas, ou seja,

com objetivos ideológicos. [...] O psicodrama, desde sua origem no Teatro Vienense da Espontaneidade, entre 1921 e 1923, vem resgatando a catarse ativa da representação dramática. (Zoé, 2005, p. 5-6)

Nas empresas e na vida diária, nossa busca é a de estimular a espontaneidade para o novo, assim como a elaboração e a aplicação do já conhecido, ou seja, da conserva cultural definida por Moreno. Ao definir o teatro da espontaneidade, Moreno difere-o do teatro clássico nas seguintes premissas:

- eliminação do dramaturgo e do texto teatral predefinido;
- participação da audiência: cada um e todos são atores;
- atores e platéia são co-criadores, tudo é improvisado (a peça, a ação, o motivo, o diálogo, o encontro e a resolução de conflitos);
- no lugar do palco tradicional, desponta o palco-espaço, o espaço aberto da própria vida.

Moreno trabalhou com quatro modalidades de teatro espontâneo:

1. Teatro do conflito ou teatro crítico.
2. Teatro da espontaneidade ou teatro imediato.
3. Teatro terapêutico ou teatro recíproco.
4. Teatro do criador.

Pelos depoimentos daqueles que trabalham essencialmente com teatro espontâneo, percebe-se o quanto ele é produtivo e catártico; não apenas para o protagonista, mas também para os participantes e a direção do grupo.

Ao trabalhar o teatro espontâneo nas empresas não o utilizamos como princípio, mas como uma ferramenta da qual lançamos mão com o objetivo de clarificar ruídos e paradigmas que afetem o processo grupal, dando mais leveza às relações e abrindo o olhar dos participantes para sua própria atuação e co-responsabilidade nos processos. Isso possibilita a ressignificação na brecha entre a realidade e a fantasia, desejos e limites de atuação impostos pelo contexto, espaço, momento e recursos existentes.

Método do trabalho

- No aquecimento inespecífico, nossa preocupação é recepcionar o grupo e integrá-lo.
- Com o aquecimento específico, damos o norte do que pretendemos realizar, esclarecendo e abrindo espaço para o imaginário. Construímos o cenário e contextualizamos a cena.
- Na dramatização, a regra é deixar que as coisas aconteçam de forma espontânea e criativa, o que depende do grupo e da direção. Podemos, aqui, atuar de forma mais ou menos terapêutica e psicodramática, ou sociodramática, conforme o desenrolar da ação.
- E, por último, levamos o grupo à reflexão e à nova contextualização para o "aqui e agora" pessoal e da empresa.

Durante a dramatização, lançamos mão das várias ferramentas criadas por Moreno: duplo, espelho, solilóquio, interpolação de resistências, inversão de papéis, multiplicação dramática ou ressonância.

O teatro espontâneo, por ser interativo e fruto de co-criação, cumpre de forma específica, ainda segundo Aguiar (1990, p. 39-44), as funções socioanalítica, socioterápica, educativa e psicoterápica, que podem ser detalhadas nos seguintes objetivos:

- liberação e expansão do potencial espontâneo–criativo nos níveis individual e coletivo.
- desenvolvimento do espírito de grupo/equipe – por ser uma interação face a face intensa que exige dos atores solidariedade, disponibilidade, generosidade e harmonia interpessoal;

- catarse de integração, intrapessoal e intragrupal;
- autoconsciência e reorganização de papéis sociais e psicológicos;
- desvelamento do co-consciente e do co-inconsciente grupal (conceitos de Moreno), fazendo emergir múltiplos sentidos para o grupo e cada um de seus membros, no aqui e agora.

5
Desenvolvimento das inteligências inter e intrapessoal

Lin Yutang, em seu livro *Mudanças da humanidade* (1986), reflete que a humanidade parece se dividir em idealistas e realistas (idealismos e realismos), sendo essas as duas grandes forças que modelam o desenvolvimento e o progresso humanos.

Segundo Yutang, a argila humana se torna suave e maleável graças à água, representada pelo idealismo ou sonho humano, mas a matéria que mantém a coisa em si é, no final das contas, a própria argila, pois a água, ou o idealismo, é evaporada se não tiver a consistência da argila, ou da ação humana. As forças do idealismo e do realismo equilibram-se mutuamente em todas as atividades humanas, pessoais, sociais e profissionais. Todo verdadeiro progresso só é possível com a mistura devida de ambos os ingredientes, de modo que a argila se mantenha em condições ideais, dócil, plástica, meio seca e meio úmida, e não enrijecida e imanejável.

Lin Yutang considera sonhar inerente ao ser humano. O sonho deve ser precedido pela reflexão que permite que o homem coloque seu próprio sonho em contato com a realidade. O humor facilita e é a conexão entre o que se quer realizar e as dificuldades para isso. Diz Yutang que "rir dos próprios sonhos é importante, pois o riso remete à dimensão do desejado e do realizado". O senso de humor é o tempero para que o realismo possa auxiliar o sonho, sem que a decepção com o inesperado e os obstáculos façam o homem desanimar e não realizar o que deseja. Yutang sugere, então, as seguintes equações:

> Realidade – Sonho = Um ser animal.
> Realidade + Sonho = Um anseio de coração (idealismo).
> Realidade + Humor = Realismo.
> Sonho – Humor = Fanatismo.

Isso remete ao nosso trabalho de psicodrama nas empresas, no qual a busca do sonho – ou meta, como chamamos –, por meio de ações saudáveis, possibilita que os profissionais se alinhem em seu papel privado e social/profissional, fazendo que o clima mais leve auxilie o desenvolvimento pessoal e que cada um se torne uma pessoa mais feliz e comprometida consigo mesmo, ou seja, na eterna busca de melhoria do ser humano e de sua qualidade de vida.

O psicodrama auxilia as pessoas por meio da auto e da heteropercepção. A heteropercepção é a avaliação de como cada indivíduo é reconhecido dentro do grupo em contraposição com a imagem que efetivamente gostaria de passar. A autopercepção auxilia a trabalhar o processo entre o ideal de imagem e a imagem ideal, ou seja, entre o real e o imaginário das relações. As inteligências inter e intragrupal são explicitadas nas atitudes e ações que se estabelecem com o mundo circundante. Pessoas que fazem parte da convivência auxiliam no crescimento individual uma das outras. Quais os *gaps* (diferenças) individuais e grupais que precisam ser reorientados? Quais as competências requeridas para determinado grupo alcançar os objetivos e os pontos a serem desenvolvidos pelos líderes? É importante lembrar que a resposta a essas perguntas procura obter resultados com o menor desgaste possível.

A inteligência inter e intrapessoal é como a pessoa gostaria de ser conhecida e se perceber. No entanto, a realidade que chega pelo *feedback* demonstra que entre o sonho e a realidade da imagem pessoal/profissional muitas vezes existe um *gap* que necessita ser superado. Dar visibilidade a essas relações e facilitar seu reconhecimento é exatamente o estudo da socionomia. E, com o humor que embasa a filosofia psicodramática, facilitamos o olhar atento sem agressão.

Relato de experiência – Conhecendo os perfis

Objetivo: trabalhar as inter e intra-relações.
Público-alvo: equipe de gerentes.
Número de participantes: 12.

> ATIVIDADE
>
> **1ª atividade:** aquecimento específico.
> **Denominação:** linha do tempo.
> **Objetivo:** traçar o socioperfil do líder e sua forma de atuação.
> **Tarefa:** cada participante traça uma linha de tempo contando quatro fatos marcantes de sua vida. Depois, reflete o que aprendeu com eles e como incorporou essas respostas à sua matriz de identidade profissional.
> **Compartilhamento:** alguns integrantes disseram que não estavam satisfeitos com a resposta que aprenderam ou precisaram dar para determinada situação e que gostariam de mudá-la. A forma como se colocaram nos pareceu a busca do ideal de ego, ou seja, algo perfeito.

> ATIVIDADE
>
> **2ª atividade:** jogo.
> **Denominação:** sete anões.
> **Objetivo:** buscar atitudes e comportamentos que facilitem as relações por meio das estruturas internas de cada participante.

> **Tarefa:** discutir a participação e a importância dos sete anões na história de Branca de Neve, fazer um paralelo com a empresa e montar uma cena com os perfis psicológicos. Verificar a importância de cada perfil para o grupo e o socioestilo de cada líder. Na cena, fizemos duplos, espelhos e solilóquios para que o grupo refletisse a atuação de seus líderes.
>
> **Compartilhamento:** as cenas vividas camuflavam e tentavam esconder a importância dos anões Atchim e Dunga, que demonstram metaforicamente o indício de estresse e de cansaço. Mestre e Zangado são os anões mais recorrentes nas empresas. A reflexão que o grupo teve sobre não esconder sentimentos e emoções em nome da fraqueza foi bastante interessante. Parece que as emoções camufladas garantem uma eficácia maior, quando na verdade acreditamos que explicitar as emoções de maneira adequada auxilia a competência e a eficácia do trabalho.

Após outras atividades para concretizar o papel do líder e levantar as competências necessárias para o líder daquela empresa circunstancial no planejamento, agregando idéias no processo e otimizando as diferentes competências, fechamos o trabalho com a 3ª atividade.

Atividade

3ª atividade: jogo.
Denominação: bússola da ação.
Objetivo: finalizar o trabalho com o grupo comprometido e já com posições concretas para serem seguidas.
Tarefa: individualmente, cada participante fez uma bússola em que definiu os pontos cardeais de sua busca.
- Norte: caminho a seguir; objetivo; o que se pretende dentro do papel profissional.

- Sul: revisão do passado; adquirir forças dos pontos fortes como líder.
- Oeste: abandonar algumas atitudes para a melhoria no papel.
- Leste: caminho a seguir; processo para que o objetivo ocorra.

Após a confecção da bússola, os participantes fizeram uma dramatização em pequenos grupos. Os participantes dos diferentes grupos podiam entrar na cena do outro grupo para atuar.

Compartilhamento: a percepção foi de sintonia para o mesmo norte, as dificuldades ou facilidades para alcançar o objetivo é que se mostravam diferentes. O estereótipo de líder perfeito somente poderia ser alcançado pelo somatório, unindo as habilidades e conhecimentos de todos.

Fechamento: o próprio grupo propôs uma ação futura, uma reunião por mês para partilharem as dificuldades encontradas no cotidiano e para que os outros os auxiliassem nas decisões necessárias. Co-responsabilidade e novas posturas são desejos que podem ser realizados.

Teorizando: "Colocando-se no lugar do outro o entendemos, mas voltando ao nosso o ajudamos" (Andréa Claudia).

Na teoria psicodramática, Victor Dias traz contribuições aplicáveis à empresa, tanto para o diretor de psicodrama como para os líderes da empresa.

Trabalhando o clima na equipe

Aceitação: sentir-se aceito é básico para a formação do clima grupal e, para tanto, o coordenador deve estar preparado para as fragilidades humanas, que muitas vezes aparecem na organização. O coordenador deve estar pronto para aceitar o indivíduo, ressaltando suas qualidades e percebendo suas fraquezas; seu compromisso é ajudá-lo a "realinhar-se", já que trocar simplesmente de profissionais pode ser dispendioso e muitas vezes não resolver a situação, apenas postergá-la.

Proteção: é preciso proteger os membros do grupo em seus próprios julgamentos morais e em suas idéias de julgamento social, para que eles se sintam não só aceitos pelo coordenador, mas por si mesmos, com seus defeitos e qualidades. Assim poderão potencializar sua capacidade. Temos nossos próprios valores; nossas escolhas seriam diferentes das escolhas que vemos, então cuidamos para não julgar a escolha do outro; invertendo papéis com este, tentamos entendê-lo e ajudá-lo.

Vivência pessoal: quanto mais papéis, quanto mais histórias forem vividas sobre o assunto tratado, maior será a aceitação e o entendimento do coordenador diante das várias facetas e histórias do colaborador. Nada como a experiência: a vida dá maturidade para quem a vive com intensidade. Um coordenador deve viver, conhecer, experimentar, discutir e refletir o máximo possível. Não precisamos experimentar tudo para entender, mas quanto mais vivemos mais temos a possibilidade de entender melhor. Alguém que já trabalhou em uma empresa tem mais conhecimento do que quem só deu consultoria em uma; e quem nunca trabalhou pode procurar conhecer, conversar, saber mais de quem já trabalhou.

Grau de saúde do coordenador: é de extrema importância que o líder se mantenha em constante trabalho de elaboração e reconhecimento de suas defesas e de suas atitudes para que possa trabalhar com a equipe. Todo "cuidador" deve também ser cuidado. Não somos seres solitários, precisamos dos outros, e mesmo o grande presidente da empresa necessita de parcerias para essa elaboração, assim como consultores, psicólogos etc. necessitam de supervisão, de alguém que os auxilie a enxergar de forma ampliada o que lhes ocorre.

Conhecimento teórico: não basta ter vivência e autoconhecimento, deve-se conhecer profundamente seu trabalho, os objetivos da empresa no qual está inserto e o tema do curso. Sem o conhecimento teórico, corre-se o risco de não acompanhar a equipe. Sempre que houver dúvidas, deve-se trabalhar com o grupo, e não se esconder atrás de uma desculpa ou afirmar que sabe algo que desconhece. Mesmo nos treinamentos comportamentais, o conhecimento é básico: não basta "ser legal", divertido e prazeroso para ser eficaz e eficiente. Cada trabalho é específico para cada grupo, e isso requer conhecimento.

Somando vivência pessoal, saúde psicológica e conhecimento teórico, teremos um diretor de psicodrama ou líder capaz de criar um clima adequado e motivador para o desenvolvimento emocional do grupo.

Formação de grupo

Para a formação ou manutenção de um grupo saudável, são necessários alguns itens:

Respeitar as diferenças e dificuldades individuais: conforme o grau de dificuldades e diferenças, sugerimos um contrato grupal com as seguintes perguntas:

- *Queremos* trabalhar juntos?
- Qual *meu* melhor potencial para ajudar no resultado?
- Qual *meu* ponto fraco, do qual tenho de cuidar?
- Qual o ponto forte do grupo?
- Qual o ponto fraco que temos de desenvolver para ajudar o grupo?

Colocamos as palavras *queremos* e *meu* em itálico para reiterar a importância do olhar para si como a única possibilidade que temos de mudança, que é mudar o *meu* e não o do *outro*. É importante trabalhar com a visão de que só a minha mudança provoca mudança no outro. Não mudamos o outro, mas quando nós mudamos o outro é obrigado a mudar para se adaptar às mudanças.

Integrar as diferenças: o ideal para um grupo é que se complete, e não se some em suas diferenças, isto é, o grupo ideal tem como participantes indivíduos calmos e agitados, detalhistas e com visão do todo etc., cada qual com seus modelos de performance. A aceitação das diferenças depende muito de que o coordenador estimule diferentes pontos de vista. Agregar, e não dividir, deve ser o objetivo de um coordenador.

Nível cultural: as diferenças econômicas, religiosas ou pessoais não importam, mas as diferenças culturais podem dificultar o relacionamento de um grupo, trazendo dificuldades de comunicação. Por isso é necessário que o líder reconheça e explicite os diversos hábitos nas diferentes culturas, dando suporte à equipe. Trabalhos comportamentais podem ser desenvolvidos com o grupo todo e são importantes para integração e sinergia; no entanto, desenvolvimento de treinamentos mais específicos devem respeitar as diferenças culturais, bem como a valorização de cada especialidade. Por exemplo: pessoas com diferentes escolaridades em uma mesma área devem valorizar cada função e sua importância.

Pares de coordenadores: têm a função de proteger a organização no qual estão inseridos, sem colocar a culpa da dificuldade individual nos processos ou companheiros de trabalho, o que é fundamental para a credibilidade do próprio trabalho. O ideal é que os pares falem a "mesma língua" e estejam conectados à filosofia da coordenação. Novamente enfatizamos que isso vale para os líderes que assumem uma mesma equipe, ou para psicodramatistas que trabalham juntos.

No trabalho específico, quando precisamos trabalhar liderança e conflito, temos duas opções para a intervenção grupal:

1. Atuar com o grupo e o gerente presente. A vantagem é trabalhar o conflito e a liderança no aqui e agora. A desvantagem é o líder inibir a catarse por meio da autocracia ou dos jogos de palavras irônicas (por exemplo, "Não falem mal de mim..."). Assim, é necessário preparar o gerente antes da intervenção.

2. Atuar sem o gerente e somente incluí-lo após o primeiro contato com o grupo de liderados.

O primeiro passo é explicitar essas duas formas. Caso o gerente opte por participar, propomos que participe de algumas atividades e não de outras. Nas atividades de soluções e alternativas para a melhoria (saídas saudáveis), o gerente é um Eu observador, e somente na leitura das ações propostas ele participa, ratificando ou retificando os pontos levantados.

No momento final, trabalha-se a interação gerente/grupo por meio de *feedbacks*, ou seja, da retroalimentação das relações e do entendimento que cada um tem do que considera como erro e acerto. Lembrando que nós seres humanos, ao desempenhar o papel profissional, cometemos muitas falhas. Devemos trabalhar as relações com líderes e liderados sem julgamento, para que possamos enxergar outras possibilidades das relações e torná-las mais saudáveis.

"A máxima igualdade é aquela que permite o exercício das diferenças." (Jaime Cubero)

Diferentes personalidades requerem diferentes lideranças

Com base nas psicopatologias de Moreno, traçaremos seis tipos básicos de perfis de personalidades de colaboradores que devem ser trabalhadas por diretores de psicodrama ou líderes organizacionais.

Os dois primeiros perfis são idealizadores do mundo, humanistas, norteados pela emoção.

Introspectivos: são pessoas críticas, que muitas vezes omitem suas opiniões com receio de serem ridicularizadas ou por se sentirem inseguras. O "sentir" está preservado, mas necessita de auxílio para expor suas idéias.
Esse perfil necessita de um líder entusiasmado que estimule, acolha e valorize os pontos positivos das idéias apresentadas.

Extrospectivos: são pessoas alegres, entusiasmadas, exacerbam as emoções (gostam muito, detestam muito), são empolgadas para realizar o que se propõem.

Esse perfil necessita de um líder que contenha as ações, orientando-as para um prévio planejamento, auxiliando na organização e exposição das idéias.

O terceiro e quarto perfil são planejadores. Guiados pelo mental, buscam soluções pelo planejamento.

Conservadores: são pessoas que acreditam na própria verdade. Quando sua opinião é aceita, trabalham com entusiasmo e geralmente dão excelentes contribuições no planejamento e desenvolvimento dos processos da empresa. Contudo, quando suas idéias não são aceitas, acreditam que estão sendo boicotadas.
Esse perfil precisa de um líder que peça opinião e idéias e acredite nele, auxiliando-o na exposição das emoções e na relação prática de suas idéias. Quando esse líder discordar, deve justificar claramente seus motivos.

Assertivos: são pessoas que acreditam que suas idéias são as melhores. São bons planejadores e estrategistas, porém sua idéia precisa sempre prevalecer. Costuma ser o porta-voz do grupo.
Esse perfil necessita ser gerenciado com maior assertividade, buscando consenso dos outros para justificar o contra-argumento.

O quinto e o sexto perfil são guiados pelo ritual e pela prática. Fazem acontecer o mundo pela estratégia.

Persistentes: são pessoas que gostam de seguir sempre o mesmo procedimento para buscar soluções. São teimosas até conseguirem finalizar as tarefas e costumam se irritar durante o processo. Nem sempre se dão conta dessa irritação, mas quando sentem confiança em uma nova proposta são capazes de mudar, sendo fiéis à mudança.
Esse perfil necessita que o coordenador se disponha a auxiliá-lo caso ele peça, ou que o coordenador explicite suas idéias como contribuição, apresentando suas vantagens e desvantagens. O líder deve buscar a sensação, valorizar o intuitivo.

Ritualistas: sempre se atêm ao processo e aos detalhes, criando estratégias. Ficam nervosas enquanto não vêem a tarefa terminada. Para lidar com essas pessoas, é preciso estar atento aos detalhes que trazem e facilitar para que percebam o que desejam além do resultado prático.
Esse perfil necessita de valorização do coordenador para se sentir estimulado.

Conclusão

Moreno, escrevendo sobre seu encontro com Freud, comenta o que havia dito a ele: que enquanto Freud interpretava os sonhos, ele (Moreno) reensinava as pessoas a sonhar. Como consultoras organizacionais, constatamos a importância de auxiliar na busca do idealismo e realismo de que fala Yutang, o que seria a busca dos sonhos de Moreno.

Neste capítulo, o que desejamos demonstrar foi como compreender e respeitar as diferenças individuais nos permite a melhor condução de um grupo. Na busca desses sonhos tão singulares, cada pessoa, com suas diferentes personalidades, segue diferentes caminhos. Umas podem contribuir com as outras sem entrar em choque para alcançar esses sonhos. Reforçando a capacidade de relacionamento inter e intrapessoal, reconhecendo-se pertencentes e diferenciados no grupo, o amadurecimento é conseqüência natural, com ganhos evidentes para cada participante e para a empresa.

A conserva cultural – uma coroa garante um rei?

Lendo Alberto Melucci (2004), *O jogo do Eu*, expandimos nossas reflexões sobre a cultura e a importância da conserva cultural como uma das fontes de desejos, indicadora da alteridade e das faltas que sentimos no cotidiano.

A cultura é formada por uma série de comportamentos que vão se amoldando: certas crenças e valores passam a ser um pressuposto subjacente de como as coisas devem ou não ser e se mostram eficazes quando, na sua origem ou formação, perpetuam a própria cultura.

A conserva cultural é o fruto, ou a parte visível, dessa cultura. Por exemplo, livros, planos e quadros, que ao mesmo tempo demonstram e perpetuam essa cultura.

A conserva cultural é demonstrada por alguns elementos:

- símbolos, como a bandeira;
- cerimônias, como a festa de natal;
- heróis, pessoas que fazem sucesso;
- rituais, hora do cafezinho etc.

A contracultura, ou a resistência a essa cultura, pode ter dois enfoques dentro da empresa. O negativo: rumor, rádio-peão, fofocas, panelas para as pessoas se fortificarem contra algo ou alguém. O positivo: reflexão sobre a cultura instalada, pois ela é responsável pela variação do clima organizacional. Tentaremos refletir sobre a manutenção da conserva cultural sem uma reflexão sobre a própria conserva.

Hoje, já não precisamos ter roupas para nos abrigar do frio e do calor (necessidade básica), mas para acompanhar as tendências da moda (necessidade circunstancial). Veja o exemplo: o homem de terno e gravata é considerado um símbolo de sucesso e admiração. A pergunta é: "Eu admiro o homem ou o homem de gravata?" Ao sentirmos sede (necessidade básica), pedimos um refrigerante. Esse é um dos exemplos da mídia perpetuando e criando necessidades, de uma conserva. Isso por vezes faz que o indivíduo já não saiba se quer mesmo aquele objeto ou se faz parte de um *status*, ou demanda externa, que precisará a duras penas conseguir. Depois que consegue o objeto, este não lhe traz a felicidade esperada. É seu desejo vindo de fora, do externo, indicando-lhe os desejos internos.

Claro que não queremos viver sem o "gostoso", o conforto que os produtos oferecem e o *status* que algumas coisas trazem. O que queremos é propor uma viagem aos desejos internos, que são nossos guias mais confiáveis, para ajustá-los ao clamor externo, e não o contrário. É ter determinadas coisas que nos façam bem, por exemplo: "Quero *status*, vou comprar uma caneta X de ouro". Ok, mas essa caneta não me garante o *status* desejado, é somente um símbolo, não o *status* em si. Ela é a coroa, não o rei. Devemos usufruir da conserva cultural sem ser guiados por ela.

Em um universo fechado demarcado por códigos estreitos, com uma conserva cultural rígida que endeusa somente registros que vêm de fora, a "espontaneidade criadora" é empobrecida. A capacidade criativa para expandir o universo empresarial fica subordinada a várias normas e regras que às vezes engessam a organização. Os procedimentos devem ser revistos de tempos em tempos, para que as diferentes pessoas que participam dos processos (funcionários, clientes, fornecedores) os validem e a empresa seja oxigenada. Nas empresas, a cultura baseada em mitos, formados como verdades e ditados para todos, nem sempre é o suficiente para que os processos caminhem (por exemplo, a empresa que deu certo por "tal motivo", "o profissional do ano"). Seguir a risca esses exemplos muitas vezes obstaculiza o contraste e a potencialidade individual e, como conseqüência, impede a espontaneidade criativa de cada empresa.

O que desejamos não é "colocar abaixo os exemplos", mas sim utilizá-los como referência, e não como código: "Se não sou daquele jeito, não sou nada". Por exemplo: "A mulher que não tem um Dior não é nada", "O homem que não tem uma Ferrari não pode conquistar uma mulher bonita", "Se não é bem-sucedido como o Antônio Ermírio de Moraes, não é bem-sucedido".

Assim, o profissional que seguir os dez mandamentos esperados para ser um bom profissional (que hoje são tão comuns de encontrar nas bancas de jornais), que somente nortear suas ações pelo ideal criado por alguns teóricos, permanecerá na falta de novos atributos, por vezes esquecendo suas competências reais, *seu* lado positivo de interagir com a equipe. O profissional sofre o que chamamos de "congelamento do ser": nem é o que idealiza nem é o homem capaz de realizar. Essa maneira de se relacionar com o papel profissional leva o homem a agir em um campo simbólico (palavras e teorias), e não é fruto de uma reflexão sadia e significativa das ações e relações. O psicodrama possibilita, no espaço do "como se", fazer as pessoas interagirem entre o ideal e o real e fazer dessa aparente dicotomia uma integração, com movimentos para a conquista desejada, saindo assim da paralisia.

Nossas ações não têm de estar ligadas ao externo, mas aos nossos desejos e crenças. Quando as necessidades e motivações vêm do externo em determinado tempo, temos um profissional (que até pode vir a ser bem-sucedido) se desgastando e se sentindo infeliz, pois seguiu a "bula de remédio" vinda de fora dele e não fez de sua vida algo que realmente acreditasse valer a pena. Então em *coaching* (acompanhamento individual) acabamos escutando:

— *O que fiz da minha vida?*
— Tenho uma alta função na empresa, mas estou sozinho e triste. Valeu a pena?

Temos, como profissionais, de resgatar o verdadeiro desejo e a necessidade "deste momento". A cultura, a conserva cultural, cria mitos que geram falta.

De outra forma, em um universo fechado...
"A identidade profissional é a capacidade de nos reconhecermos e sermos reconhecidos pelos outros" (Melucci, 2004, p. 50).

Quando declaramos "Sou assim", fechamos a possibilidade de sermos de outra forma ou de sermos vistos diferentemente do que suportamos ouvir. Assim se fecha um círculo *vicioso*. A saída para entrarmos em um círculo *virtuoso* é refletir: "É assim que ainda quero me reconhecer e ser reconhecido? Estou satisfeito com os resultados desta forma de ser em que venho atuando?"

Claro que depois da reflexão é preciso partir para uma ação eficaz de mudança.

6
Os líderes e a espontaneidade

Aquecimento

Em *Quem sobreviverá?* (publicado pela primeira vez em 1934), Moreno demonstra sua tese: "Sobreviverá quem em última instância puder criar".

Um tema que tem sido abordado com bastante ênfase na administração é a relação da liderança com funcionários, pares e chefias. Temos acompanhado as evoluções teóricas sobre liderança nas quais o conceito de líder super-homem, que precisa ter todas as qualidades, todos os atributos necessários à função, e conhece tudo a respeito do cargo exercido, parece ser o mandato teórico do momento. Será que isso é possível?

Acreditamos que o líder precisa sim ter um conhecimento técnico amplo do trabalho que lidera, mas fazer parceria com seus colaboradores é imprescindível para que o auxiliem nas lacunas específicas daquilo que não conhece. Como não conseguimos conhecer tudo e nos especializar em tudo, precisamos recorrer aos outros e lembrar que a soma das partes amplia o conhecimento.

Nosso conceito de líder é o sujeito, o agente da mudança. É quem:

- traduz princípios em prática;

- dinamiza os processos de inovação;
- aciona os mecanismos;
- cria e inova;
- estimula e orienta;
- relaciona-se e dissemina novas visões.

Para um líder moderno, é importante ler sobre os princípios *básicos* da psicologia, a fim de entender seus colaboradores, e da filosofia (modo de pensar o mundo, ética, valores), pois esses saberes, alicerçando a prática, têm como principal foco o envolvimento das relações humanas e dos processos grupais. Para a professora Marília Vizzoto, é essencial diferenciar o trabalho do psicólogo e a ciência da psicologia. Assim como o médico utiliza a biologia como base de sua profissão, o psicólogo utiliza a psicologia; no entanto, elas não são ciências de uso exclusivo. A psicologia estuda os fenômenos psíquicos e contribui de forma especial às profissões, devendo ser entendida tanto por administradores como por médicos, engenheiros ou qualquer outro profissional. Sempre que se trabalha com o ser humano, é necessário compreender a alma humana.

Nossa proposta então, baseada na visão de homem e mundo que o psicodrama traz, é trabalhar a percepção do líder no desempenho do seu papel e na relação com seus liderados. Posto isso, primeiro temos de diagnosticar o conceito que cada líder tem sobre o papel de liderança (como acha que deveria ser um líder) e o conceito que a empresa tem de líder para aquela determinada cultura, além do modo como cada um ou o grupo de gerentes vem, de fato, desenvolvendo o papel. Após mostrar ao grupo esse olhar psicodramático, ele pode então definir o que quer mudar e o que quer manter (ou não, como diria Caetano Veloso) dentro desse desempenho de papel. Novamente, a teoria e a prática caminhando juntas.

A espinha dorsal do conceito de líder para nós é a capacidade de:

- descobrir o poder que existe nas pessoas;
- tornar as pessoas capazes de criatividade e auto-realização;

- investir tempo e energia no futuro de sua organização e de seu pessoal;
- compartilhar o poder com os outros.

A liderança pode introduzir adaptações capazes de restaurar e promover os interesses e valores da organização e, quando existe uma defasagem entre o estado atual e o estado desejado, pode trabalhar para minimizar as diferenças. O líder não faz o que bem entende, mas trabalha por aquilo que acredita e dissemina suas idéias e ideais. Suas crenças e valores devem ter força para levar o grupo às ações desejadas.

Percebendo e contornando os obstáculos

> "Os gerentes contam as sementes da maçã.
> Os líderes imaginam quantas maçãs existem em uma semente."
> (Ian Percy)

Tanto os líderes como os diretores de psicodrama deparam com obstáculos para alcançar os objetivos. Em uma reunião, por exemplo, traça-se uma agenda programada, uma proposta inicial, um objetivo claro para que a reunião seja eficaz, mas não se pode antever o seu desenrolar, pois o bom coordenador/líder deixa que as pessoas falem e se coloquem. Isso poderá alterar as decisões antevistas pelo coordenador, ou seja, o líder não escreve o *script*, apenas sugere o tema, os objetivos e as metas. Ele coordena de forma a não *perder o foco*, mas os obstáculos precisam ser explicitados para que, ao contorná-los, fique clara a real meta da reunião: alcançar os objetivos primordiais a que se propuseram. É importante reconhecer a matriz, como já dissemos em capítulo anterior, a fase de grupo e a história de vida que conduz cada líder.

Todos são partes do resultante, e não só dos resultados.

Para alcançar objetivos, o bom senso e a responsabilidade para que todos caminhem comprometidos com os resultados são fundamentais. O coordenador/líder deve sempre estar atento a todas as eventuais mudanças no grupo, ao que está surgindo e pode ser explicitado, para que o resultante ou a forma de alcançar os resultados permita que todos percebam sua participação nos pontos positivos e negativos.

O líder, como todo ser humano, precisa estar atento a si mesmo e ao modo como atua em seus papéis, como veremos no próximo capítulo, mas também deve atentar aos seus colaboradores, como seres integrais que necessitam integrar-se ao processo e a eles mesmos como indivíduos, com suas necessidades e dificuldades.

Gostaríamos de lembrar que não recomendamos líderes que tenham visão somente humanística e deixem de lado o operacional, o cumprimento de metas. Claro que acreditamos e trabalhamos não só naquele que tem a função de liderar, mas naquele que emerge em determinadas circunstâncias por ser capaz de assumir a responsabilidade de uma tarefa e buscar o melhor resultado, liderando o processo.

Como dizia Moreno em um trecho de sua poesia "Divisa", "Mais importante que o reconhecimento é o seu resultado". Porque, em sua visão, não faz sentido termos um ótimo líder que não produz resultados, uma ótima pessoa que não age para efetivar suas ações. Para Moreno, *ainda nos falta ação*.

Assim, o resultado será positivo ou negativo como:

Liderança

$$IL = C + IO + IE$$
$$R = IL \times IEq$$

R = Resultado.
IL = Inteligência do líder.
C = Conhecimento.
IO = Inteligência operacional.
IE = Inteligência espiritual (que traduzimos no cotidiano como valores e ética).
IEq = Inteligência da equipe.

Como vemos na equação, a motivação para o trabalho não depende totalmente da atuação do líder, mas da inter-relação de todos. Confirmamos assim que a cada dia mais o mundo necessita de líderes que liderem a si mesmos, que liderem os profissionais que com eles trabalham, seus filhos ou grupos sociais. Na teoria psicodramática, em que os papéis são "a menor unidade observável de uma ação", os líderes vivenciam diversos papéis e, para sentir-se mais felizes, precisam estar abertos para se perceber nesses distintos papéis que vivem (pessoal e profissional), sem cristalizar a mesma postura para todos.

Quando falamos em liderança, não queremos falar somente sobre o líder no cargo, mas sobre aquele que planeja ações e faz parcerias para conseguir com êxito seu propósito. Ele é o líder "naquele momento", para determinada circunstância. Aqui estamos falando da espontaneidade, que para Moreno é a capacidade de dar respostas inovadoras a determinado estímulo.

Os exercícios a seguir facilitam a espontaneidade, liberando a energia criativa e buscando a concretização de idéias produtivas, necessárias aos líderes ou aos liderados, que ganham confiança e autonomia em seus trabalhos. Ou seja, buscando talentos e deixando-os livres para criar e inovar. Só que, a exemplo da empresa citada, precisamos desenvolver uma cultura favorável à criatividade. Um ambiente voltado para essa liberdade inovadora que pressupõe o erro, o equívoco.

O bom líder incentiva o erro, pois sabe que é dele que surgem as grandes surpresas capazes de encantar os clientes. É preciso avançar muito no conceito de liderança para entender isso, pois os antigos chefes (os jurássicos) ainda insistem em punir os lapsos e enganos próprios de quem ousa e arrisca.

Relato de experiência – Desenvolvendo a criatividade

Objetivo: desenvolver a criatividade e a espontaneidade.
Público-alvo: equipe de trainees de empresa multinacional.
Número de participantes: 38.

ATIVIDADE

1ª atividade: aquecimento específico.
Denominação: apresentação.
Objetivo: conhecer os participantes.
Tarefa: os participantes dizem seu nome e o nome de um carro com o qual se identificam, justificando sua escolha.
Exemplos: "Andréa, Saveiro: um utilitário, porque me vejo com muita energia, agitada, gosto de fazer muitas coisas e carregar muitas coisas e gente comigo", "Walter, Fusca: sou básico e tradicional", "Pedro, Jipe: sou aventureiro", "Mirna, Camaro: vejo-me um tanto diferenciada do grupo", "Victor, Audi A4: não sou tão simples, gosto de chamar a atenção".

A coordenação pode indagar sobre o carro, mas com muito tato e sempre valorizando a escolha sem julgar se é boa ou ruim, apenas identificando como cada um se vê e como cada um busca as próprias referências nas escolhas.

Assim, o grupo se conhece por meio de uma apresentação simbólica, mas que muitas vezes diz mais do que apenas o currículo profissional.

> **Atividade**
>
> **2ª atividade:** aquecimento específico.
>
> **Denominação:** aquecendo a espontaneidade.
>
> **Objetivo:** perceber a atuação individual e grupal, perceber as lideranças situacionais.
>
> **Tarefa:** em duas colunas, cada participante se imagina como um tijolo e mentaliza a forma como está sendo utilizado, construindo cenário e sensações. Quando um termina a fala, passa para o fim da fila e o da outra fila inicia.
>
> **Exemplos:** servia para construir, sentar, enfeitar, bater, desmanchar e usar como areia, brincar, quebrar vidraça etc.
>
> Refletem sobre a ordem em que as idéias aparecem. Em geral, as primeiras são óbvias. A seguir, começam a surgir idéias mais criativas, até que elas se perdem e voltam a ser óbvias. Algumas já foram utilizadas, outras não. Alguns participantes são mais óbvios, outros mais criativos; alguns tentam tanto ser criativos que acabam por não ser úteis, e suas idéias não podem ser aproveitadas de forma mais concreta.
>
> Em geral, os grupos gostam muito do exercício, que pode buscar o grupo mais produtivo, com maior número de idéias e também as melhores idéias, em pequenas competições.
>
> Na seqüência do jogo, pedimos que os grupos fizessem uma construção geral com tijolos. O resultado foi uma casa na qual fizeram esculturas com os tijolos, gente, terra para plantio etc. Chamou-nos a atenção o fato de a casa não ter nem porta nem janelas. Ao compartilhar, comentaram essa decisão como conseqüência do medo de ser invadidos. Nossa pergunta foi: "Como, no cotidiano, o tema líder/invasão/limite ocorre?" Quais obstáculos existiam de fato e quais eram criados sem motivo aparente. Como eram criados esses obstáculos?
>
> **Compartilhamento:** a reflexão foi sobre como e quando apareciam os líderes.

> ATIVIDADE
>
> **3ª atividade:** jogo.
> **Denominação:** liberando a criatividade.
> **Objetivo:** aprofundar o tema da atividade anterior.
> **Tarefa:** propusemos um jogo para que as pessoas entrassem no papel de corretor de imóveis e alugassem a sala do treinamento; para isso, precisariam mostrar as boas qualidades da sala. Em um segundo momento, elas precisavam desfazer o aluguel da sala, mostrando seus defeitos. No terceiro momento, deveriam fazer a sala ser alugada por um valor muito acima do mercado.
> **Compartilhamento:** começaram a manifestar como as visões, o imaginário, têm muito que ver com a própria história individual; cada participante pode refletir sobre sua história e seu medo de se abrir, de criar e possibilitar melhorias, sejam pessoais, sejam na área de atuação.
> Aproveitamos para que os participantes revivessem a atividade da casa fechada, sobre como gostariam de reconstruí-la. Ela teve espaços abertos, portas que fechavam e abriam, e eles assim se resguardavam e se abriam para o novo e as novas idéias. Um participante correlacionou essa atividade com a história dos três porquinhos; com humor, todos recontaram essa história, como se fossem eles. Os líderes apareciam mais espontaneamente e mais soltos. Já não havia o medo de exposição.

Após outros exercícios e dinâmicas de integração para fortalecer os pares de liderança, fizemos a última atividade.

> ATIVIDADE
>
> **4ª atividade:** jogo.
> **Denominação:** projeto.
> **Objetivo:** buscar saídas saudáveis no grupo da liderança.

> **Tarefa:** após o aquecimento para espontaneidade, lidar com obstáculos e medos da terceira fase consiste no jogo em si, e o pedido foi o de um projeto de fábrica de aviões. Os participantes apresentam o avião de modo a envolver as diferentes áreas de uma empresa (marketing, vendas, financeira, produção etc.), por meio de aspectos como: logomarca do avião, competição do vôo direcionado, vantagens competitivas e valores agregados da companhia aérea.
>
> Já de posse de algumas ferramentas trabalhadas durante o "treinamento", como o brainstorming, o grupo reflete e teoriza sobre conhecimento das etapas de criatividade, tipos de personalidade que compõem um grupo de trabalho, fases de grupo etc. Fazem-no de forma criativa, mas também possível, na medida em que conseguem aliar originalidade, criatividade, adequação da resposta e até qualidade dramática no momento de vender a idéia.
>
> **Compartilhamento:** ao final, percebem o quanto podem ser criativos e espontâneos, mesmo os mais racionais, que em geral não se vêem assim. Nesse momento começam a refletir sobre liderança situacional, ou seja, sobre como cada participante liderou e em que momento. Pudemos então pedir que cada participante elegesse alguém como líder situacional e explicasse como este liderou durante o projeto Apareceram comentários como os de uma moça que iniciou o curso como um veículo Gol, pequeno, uma pessoa discreta, que não gosta de aparecer e se acha pouco criativa, que depois se percebeu solta – inclusive, a idéia mais criativa do seu grupo partiu dela, deixando-a surpresa com a própria criatividade.

Ao final desse trabalho, o plano de ação desenvolvido versou muito sobre a procura de ajuda entre os pares quando houvesse problema.

Espontaneidade

A espontaneidade é a capacidade de dar respostas adequadas às situações inusitadas da vida, com o máximo de liberdade. Moreno a caracteriza como "Fator E". É uma característica dos seres humanos, que nascem com ela, mas no decorrer de seu desenvolvimento são levados pelas pressões sociais a reprimir-se e enquadrar-se nas conservas sociais daquilo que o mundo acha que é certo.

Na visão de Moreno, a espontaneidade é inata ao homem, não deve ser tirada nem reprimida. O homem pode e deve praticar atos espontâneos de forma a realizar-se como indivíduo, criando uma vida plena de realizações e felicidade.

Com isso, para nós, a palavra que melhor define espontaneidade é *liberdade*. Espontaneidade, que deriva da palavra latina *sponte* (de livre vontade), é uma relação entre momento, ação imediata e criatividade; é também uma emoção, um papel, uma relação com outro sujeito, de modo tão livre quanto possível de modelos anteriores (conservas culturais). É a própria "matriz criadora".

Isso não significa que essa emoção, esse estado, seja absolutamente nova e sem precedentes para o sujeito, mas que este, como uma totalidade, domine-a, tenha consciência da sua ação naquele momento, para aumentar o número de combinações e variações possíveis e flexibilizar-se de forma a dispor do montante necessário de espontaneidade (Fator E) para cada situação que tenha de enfrentar.

A espontaneidade pode ser desenvolvida pelo treino, tornando o indivíduo relativamente mais livre de suas conservas (sejam passadas ou futuras). O filme *Feitiço do tempo*, no qual o protagonista acorda todo dia no mesmo horário para viver os mesmos acontecimentos da véspera, mostra como é possível a espontaneidade, ou seja, a busca de novas respostas, mesmo em um mundo fechado, com leis absolutas, em que os indivíduos sabem de antemão a situação que encontrarão, buscando respostas e emoções diferentes a cada dia.

Matriz é a resposta a um fato que acontece em determinado momento. Com certeza, naquele primeiro momento, foi com sabedoria que optamos por aquela resposta. Foi uma adaptação ativa à realidade diante de uma "aprendizagem da realidade" para contornar o confronto ou manejar uma situação difícil. A necessidade de se entregar foi o núcleo de tal resposta. O problema começa quando transportamos essa "resposta matrizada" a outros acontecimentos em nossa vida e ela não satisfaz nem seu agente nem o mundo que o cerca.

O mundo em que vivemos é cada vez mais exposto a um grau crescente de imprevisibilidade de eventos, um mundo em que o acaso se faz cada vez mais presente na vida das pessoas, nas empresas etc., e leva-nos com freqüência à sensação de caos. Adquirir o hábito de questionar é tornar-se líder de si mesmo.

Assim, a espontaneidade pode surgir em diversos momentos na atividade de conservas culturais e estereótipos sociais, como: na criação de novos organismos, novas estruturas de padrões ambientais; nas formas de arte (livre expressão da personalidade) e/ou na forma de respostas adequadas a novas situações.

Formas de espontaneidade apontadas por Moreno (1997):

Qualidade dramática: confere vivacidade a sentimentos, ações, expressões verbais, muitas vezes repetidos milhares de vezes, mas de forma extraordinária. Confere sabor particular aos atos cotidianos. É o "quê" a mais de alguns indivíduos, que lhes confere uma aparência encantadora, mais jovem, mais inteligente.

Criatividade: faz o homem totalmente produtivo e criador. É a espontaneidade sempre disposta a dissolver conservas existentes, criando novas formas, novas respostas, transformando o mundo à sua volta. Diferente da *qualidade dramática*, ela não se satisfaz em expressar meramente o eu, mas sim em criar o eu. O indivíduo que tira o maior proveito dos recursos à sua disposição, como inteligência, memória, aptidões, é aquele que sabe aproveitar seu conhecimento e seus recursos, superando outros muitas vezes mais dotados de recursos mas que não os sabem usar.

Originalidade: é o livre fluxo de expressão que não contribui como a *criatividade*, mas, em sua forma de produção, apresenta uma expansão ou variação ímpar, sem alterar sua essência.

Adequação da resposta: pode ser uma resposta velha a uma nova situação, ou uma nova resposta a uma nova situação, ou mesmo nenhuma resposta à situação (neste último caso, comumente não há o fator espontaneidade). O que importa é que alcança o resultado adequado ao momento e à demanda (Moreno, 1997, p. 140-143).

A resposta a uma nova situação requer senso de oportunidade, imaginação, originalidade e impulso próprio. "É uma aptidão plástica de *adaptação, mobilidade e flexibilidade do eu*, indispensável a um organismo em rápido crescimento num meio em rápida mudança" (Moreno, 1997, p. 144).

Moreno desenvolveu a teoria do "determinismo operacional, funcional", que diz: no desenvolvimento de uma pessoa, podem existir tanto momentos de determinismo, de repetição do passado, como momentos originais e criadores *locii nascendi* de espontaneidade. São esses momentos de *locii nascendi* que lançam as pessoas em novas trilhas de experiência, em um novo "papel" (Moreno, 1997, p. 152).

Desenvolvimento do Fator E

Moreno estudou um rico material clínico das sessões psicodramáticas, isolando o fator espontaneidade (Fator E) de outros como inteligência, memória, ou outro fator genético que leve a pessoa a um estado de espontaneidade natural. Ele percebeu que o estado espontâneo num indivíduo que se defronta com uma situação nova requer um sentido de oportunidade, e não fatores hereditários. Percebeu ainda que fatores como adaptação e flexibilidade estão continuamente ligados ao Fator E, e que cada indivíduo tem a própria forma de dar início ao estado criativo; e chamou esse processo de aquecimento preparatório.

O Fator E age ativamente em favor da sobrevivência da criança, aparecendo muito antes da inteligência e da memória, que, ao se desenvolverem, forçam o Fator E a uma condição de subserviência. À medida que a criança cresce, perde em Fator E. Com a brecha entre fantasia e realidade, surge um "lugar" para que o Fator E desponte por algum tempo e seja capaz de subordinar a inteligência, a memória e as forças sociais.

Moreno percebeu que, quanto maior o esforço para alcançar a perfeição, menor a presença do estado espontâneo. Toda a nossa educação está modelada como se tivéssemos determinado número de papéis (assim como no palco: marido e mulher, pai e filho, médico, advogado etc.) que formam padrões que se repetem com pequenas modificações. Como a vida é fluida, e não padronizada, deve ser rica em espontaneidade; basta uma pequena diferença de matriz para fazer toda a diferença entre uma pessoa realizada e uma fracassada.

A necessidade da espontaneidade é que, sem ela, talvez nunca atinjamos a plena realidade social, conservando-nos num estreito espaço que limita nossas condutas. As pessoas mais espontâneas atuam e parecem mais orientadas para a vida, mais inspiradas, mais reais, mais esclarecidas e inteligentes que aquelas de QI semelhante que não estão devidamente adestradas. Aqui o termo "adestrado" é utilizado por Moreno como hoje utilizamos "treinamento" nas empresas, ou seja, quer dizer que a espontaneidade pode ser estimulada, treinada e reforçada antes de alcançarmos a naturalidade esperada.

Com o adestramento da espontaneidade, o indivíduo aprende a enfrentar situações simples antes de ser lançado em outras mais complexas. No método tradicional de aprendizagem, o indivíduo é levado a aprender unicamente pelo método da reprodução: a criança aprende por meio de padrões acabados, materiais para montagem etc. No método do chamado "aprender fazendo", a criança é entregue à sua espontaneidade, e o resultado é o produto acabado e organizado, a conserva cultural.

Moreno acreditava que, para que a criança (ser humano) tenha um desenvolvimento pleno e uma melhor aprendizagem, é preciso ser lançada em um estado de espontaneidade constante, por meio de uma orientação compromissada com o ato criativo, com um conhecimento íntimo e ativo das coisas e um forte pendor para o crescimento.

É pelo uso do que Moreno chamou de *ato criador* que o indivíduo deve desenvolver-se, sendo sua primeira característica a *espon-*

taneidade, a segunda a *sensação de surpresa* e a terceira a *irrealidade*, a qual tem como função mudar a realidade em que surge (Moreno, 1997).

Estrutura da espontaneidade trabalhada em treinamento

O aquecimento de uma atividade é fundamental para criar um clima de confiança, uma rede de sustentação para que a espontaneidade ocorra.

O indivíduo utiliza dispositivos de arranque físico, mentais, sociais ou psíquicos para liberar formas de expressão mais altamente organizadas, atingindo o grau máximo de aquecimento preparatório de um ato espontâneo ao enfrentar uma situação nova.

Em um ambiente no qual o grau de exigência é exacerbado, o indivíduo tem medo de se colocar. Quando se coloca, espera reações adversas, ativa mecanismos de defesa que em vez de facilitarem acabam por tensionar e prejudicar a aceitação do ocorrido. Para isso, o aquecimento é fundamental, pois cria um ambiente protegido no qual as idéias podem circular sem censura demasiada; são os chamados jogos de quebra-gelo. Colocar as expectativas e a forma com que se pode colaborar no processo é importante para o envolvimento individual.

No método psicodramático espontâneo, procura-se reproduzir o mais fielmente possível a vida real, mas as situações futuras são alteradas: refletimos sobre hoje para rever a atuação passada. Novas estruturas sobre a atuação e as circunstâncias são analisadas e criadas em debates, compartilhamentos e cenas. A riqueza das produções surpreende até mesmo os participantes.

Assim, atividades que suscitam reflexão sobre acontecimentos e resultados, bem como sobre cada um que deles participa, fazem que o indivíduo possa mudar a situação com base em si mesmo.

No final, recriar o esperado, o cenário idealizado e a ação correspondente para que isso aconteça forma um grupo com criatividade para que todos possam ser líderes e liderados nos processos desejados.

Essa última etapa fortalece a disciplina do próprio grupo, pois as ações são regras claras e justas (foram criadas por eles mesmos), e a regra facilita que o profissional tome decisões com autoridade e responsabilidade.

7
Vivendo os papéis

No mundo de hoje, somos cada vez mais obrigados a viver diferentes papéis nas empresas. Os papéis de fornecedor, cliente interno, parceiro, chefe e colaborador são intensa e explicitamente cobrados, nas atitudes e performances esperadas.

Em nossa trajetória profissional, reforçamos o fato de que temos deparado com o tema liderança, confirmando que a cada dia mais o mundo necessita de líderes que liderem primeiramente a si mesmos; líderes que liderem os profissionais que com eles trabalham; que liderem seus filhos e mesmo outros grupos sociais dos quais participam. Se quisermos abordar o tema "liderança" de maneira ampla, precisamos relacioná-lo com os diferentes *papéis sociais* que um indivíduo pode assumir. A teoria psicodramática define *papéis* como "a menor unidade observável de uma ação". Ora, se os líderes vivenciam diversos papéis sociais, para ser mais felizes precisam distinguir as diferentes necessidades exigidas por eles (pessoal e profissional), e não cristalizar a mesma postura para todos. Poderíamos nos arriscar a dizer que o chamado "papel profissional" é um dos papéis sociais do indivíduo, não deixando de ser, portanto, parte de uma dinâmica pessoal.

A forma como nos vemos nem sempre é a forma como somos vistos. Em qualquer relação, seja ela familiar, de casal, profissional ou de amizade, seja ela momentânea (como durante uma viagem em que dividimos um assento de avião), somos vistos pelo outro e o vemos em seu papel, e somente em alguns momentos enxergamos o outro como um todo. Rotulamos e somos rotulados, não adianta negar.

Assim, aguçar a percepção em diferentes papéis nos auxilia a desempenhá-los melhor. Dar e receber *feedback* é uma forma de aguçar e clarear o "espelho" da reflexão sobre si mesmo e de ter a oportunidade de conhecer melhor quem convive conosco.

Pierre Weill, no livro *A arte de viver a vida*, destaca a causa do conflito como a percepção seguida pela imaginação, para a qual damos um significado e imediatamente agimos. Segundo ele, a percepção deve ser seguida pela explicitação do que percebemos na situação, para que então ganhe um significado mais fiel ao fato em si; assim também os papéis ou as ações mostram-se concretos e passíveis de observação. Então, perguntamo-nos sobre o que percebemos e compreendemos dos diferentes atos. É o chamado *feedback*, ou checar as percepções antes de reagir.

Claro que na empresa nem sempre podemos checar as percepções, mas antes de se estabelecerem os conflitos é bom que verifiquemos fatos e dados. É comum, depois de algum tempo, um profissional chegar para outro e dizer: "Lembra daquele dia em que você falou aquilo? Pois é, fiquei aborrecido".

Quanto gasto energético despendemos, muitas vezes sem fundamento, causando repercussões negativas para a própria empresa e para os indivíduos, que saem do trabalho mais cansados do que o necessário.

Há duas formas de aperfeiçoar o desempenho dos papéis: a primeira é pelo conhecimento, que pode ser técnico, operacional ou habilidades adquiridas; a segunda é a experiência, tempo e exercício do papel. Exemplo: um profissional que acaba de ser promovido, ou vai exercer um novo cargo naturalmente, leva tempo para definir "seu jeito" de desempenhar o novo papel, conforme veremos na teoria a seguir.

A experiência que relataremos aqui vem sendo trabalhada em diferentes grupos ou sistemas, sempre provocando mudanças nos participantes, em sua visão de si mesmo e dos demais.

Partimos do princípio de que vemos e rotulamos o outro com base em nossa lente de ver o mundo. Há três formas de interagir com os outros – eu e o outro:

1. Aprisionando-nos ao outro por meio de comparações.
2. Reagindo: o outro fez, o outro quer.
3. Com liberdade: eu sou eu e respeito o outro.

Claro que essas três formas coexistem, ora exacerbando uma, ora a outra.

Relato de experiência – Relacionando-se com as pessoas

Objetivo: administração de conflitos.
Público-alvo: funcionários da área de *call center*.
Número de participantes: 45.

> **ATIVIDADE**
>
> **1ª atividade:** aquecimento inespecífico.
> **Objetivo:** diagnosticar as relações.
> **Aquecimento:** andar pela sala reconhecendo o espaço e os outros participantes. Olhar com mais atenção, procurar perceber algo novo. Depois olhar para um colega e trazer para ele algo de novo.
> **Compartilhamento:** a surpresa do novo olhar de um para o outro foi a tônica. Redescobrir um ao outro sem rótulos foi motivo de muitas brincadeiras gostosas entre os participantes.

Atividade

2ª atividade.

Objetivo: perceber a mobilização dos rótulos e refletir sobre ela.

Tarefa: colocamos nas costas de cada participante uma folha contendo um rótulo. Exemplos: alegre, preocupado, pessimista, otimista, conciliador, agitador, prático, filósofo, bom ouvinte, comunicativo.

Continuem andando e comecem a conversar livremente, mas considerando sempre como característica principal de cada pessoa o rótulo dado a ela. Percebam-se rotulados e note como as pessoas o tratam. Tentem descobrir seu próprio rótulo.

Agora vocês vão planejar uma festa que acontecerá na empresa no próximo sábado e precisam dividir as tarefas. Considerando os rótulos, comecem a propor quem fará o quê.

Após a encenação lançamos as seguintes reflexões:

O que lhe coube? A impressão que você tem é de que combina com o que lhe deram ou isso não tem nada que ver com você? Já descobriu seu rótulo? Qual sua sensação neste momento?

Compartilhamento: muitas são as sensações causadas por esse exercício. Algumas pessoas se sentem confortáveis, outras extremamente incomodadas. Se partirmos do pressuposto de que o acaso nunca é tão ao acaso, os participantes podem ser confrontados com rótulos já conhecidos na vida real e se sentir mobilizados – o que será um tema individual ou grupal.

Exemplo: o rótulo "perfeccionista" pode tanto corresponder ao indivíduo como ser exatamente aquilo que lhe falta. Um dos participantes relatou uma cena da sua infância, quando o pai exigia como nota mínima a que para ele seria a máxima. Tirar 10 em Português sempre foi fácil, mas em Matemática era necessário um esforço gigantesco em função de suas dificuldades, e ele acabava desistindo por se sentir impotente. Nesse caso, perguntamos como hoje, no papel profissional, ele acha que um líder "representando a figura paterna" poderia dirimir esse sentimento. Ele explica o quanto essa exigência acabou por criar uma total descrença em seu potencial, o que hoje o faz recusar-se ao desenvolvimento nas áreas mais exatas da empresa, atitude que dificulta sua ascensão profissional. Seu desejo é, daqui para a frente, repensar essa estratégia com o auxílio de um *coaching* (o próprio gerente ou uma ajuda externa).

ATIVIDADE

3ª atividade: espaçograma.

Tarefa: fazer uma linha do tempo da contratação dos participantes. Lembrar como cada um foi chegando e o espaço que foi ocupando. O *office boy*, a copeira, as teleatendentes, o diretor etc. Por meio dessa configuração, foram discutidos os papéis, suas funções, expectativas e desenvoltura, bem como a contribuição que a chegada de cada um trouxe.

Compartilhamento: o que nos encantou foi a leitura da copeira, ao chegar na cena e constatar como as pessoas eram isoladas no trabalho e explicitar como ficavam bravas por qualquer deslize ou erro do outro. Foi quando o gerente, ao final do trabalho, disse:

— Talvez precisemos fazer uma faxina nas relações para formar uma equipe com menor atrito.

ATIVIDADE

4ª atividade: faxina com o Trem®.
Olhar o que precisamos limpar, jogar fora, reformar (ver capítulo 13).

No final desse trabalho, dimensionamos as tarefas e ações referentes a cada função.

Teoria

Para compreender a teoria e a prática do psicodrama, a teoria dos papéis torna-se imprescindível. Devemos considerar o conceito de papel desde o nascimento do indivíduo e estendendo-se por seu desenvolvimento e em todas as dimensões da existência humana. É uma experiência biopsicossocial que pelas relações busca a ação e a transformação.

Papel

O conceito de *papel* foi extraído por Moreno

> do Teatro Grego clássico, em que diversas partes dramáticas eram escritas em *rolos*. Nos séculos XVI e XVII, quando o teatro moderno surgiu, os papéis dos personagens dramáticos foram registrados em roles (fascículos de papel), a partir dos quais cada parte da obra teatral passou a ser um "papel", portanto a origem do termo deve ser rastreada no teatro, cujas perspectivas adotou, e não na psiquiatria ou na sociologia. (Moreno, 1997, p. 29)

Na visão de Moreno, o desempenho dos papéis é anterior ao surgimento do eu (*self*) e à aquisição da linguagem; o eu surge dos papéis e se constitui como estruturação tardia. A criança já nasce em um papel, de filho, de neto, de brasileiro ou suíço etc. À medida que os papéis surgem e se estruturam, agrupando-se a outros, vão se formando cachos de papéis que se constituem no eu. Nesse sentido, o eu surge como resultado da aparição e do fortalecimento desses papéis.

No início nos percebemos como um corpo, e nossas primeiras experiências delineiam nossos papéis psicossomáticos. Isso é, nossa relação é marcada por vivências corporais como a respiração, a amamentação, a capacidade de urinar, defecar, tocar e ser tocado. Nossas primeiras reações surgem desse contato fisiológico com o mundo, e aprendemos então a nos relacionar, conosco e com os outros. Inclusive os papéis de homem e mulher surgem desse corpo fisiológico constituído de diferentes formas, hormonais e genitais, que nos levam a experimentar o mundo também de diferentes formas (Souza, 2003).

Na relação com os pais e na resposta espontânea dada diante das manifestações destes, surgem os papéis fundantes da criança. É a forma como ela experimenta sua psique e concebe o que chamamos de "eu psicodramático". Da relação familiar surgem as relações "sociais", e a criança amplia seus contatos e a forma de se relacionar com o mundo. Os papéis sociais, portanto, constituem um "eu social". Ao integrar os papéis psicossomáticos, psicodramáticos e sociais, e por meio dos vínculos destes, a criança começa a atingir o seu eu integrado.

Os papéis privados estão mais tingidos pelos desejos que os sociais, pois estes implicam seguir as normas e condutas que a sociedade impinge, criando muitas vezes um conflito entre desejo e adequação.

Para Moreno (1997, p. 238), "todo papel é uma fusão de elementos particulares e coletivos e é composto de duas partes: seus denominadores coletivos e seus diferenciais individuais". Essas duas dimensões, a individual e a coletiva, são encontradas nos diferentes sentidos e concepções de papel apresentadas por Moreno ao longo de sua obra:

- O papel pode ser definido como a unidade de experiência sintética em que se fundiram elementos privados, sociais e culturais.
- O papel é a forma de funcionamento que o indivíduo assume no momento específico em que reage a uma situação específica, na qual outras pessoas ou objetos estão envolvidos.
- O papel pode ser definido como uma pessoa imaginária criada por um autor dramático.
- O papel pode ser um modelo para a existência ou uma imitação dela.
- O papel pode ser definido como uma parte dele mesmo ou um caráter assumido por um ator.

- O papel pode ser definido como um personagem ou função assumida na realidade social.
- O papel pode ser definido como as formas reais e tangíveis que o eu adota.

Nessas diferentes definições e concepções, podemos notar que os papéis possuem algo comum: *são fenômenos observáveis, aparecem nas ações e representam aspectos tangíveis do eu*. Moreno ora define o papel como função prescrita e assumida pelo indivíduo, ora como a "forma real e tangível que o eu assume" passando do plano dramático ao social (Bonifácio e Marcheto, 2005, p. 2). Vemos, então, que todo papel é uma unidade cultural de conduta, ou seja, é aprendido por meio de uma vivência corporal, emocional e social.

> O *desempenho* de um papel é tanto uma função perceptiva quanto representativa, enquanto a *aprendizagem* de papéis é um passo adiante, pois em tais representações e desempenhos é possível reensaiar operativamente e treinar para atuar de modo adequado em situações futuras.
>
> [...]
>
> Nessas tarefas operacionais de treinamento dirigido, Moreno diferencia três instâncias: *receptor de papéis (role taking)* – aquele que assume um papel acabado, plenamente estabelecido, que não permite variação nem liberdade; *intérprete de papéis (role playing)* – situação em que o indivíduo desfruta de uma certa liberdade; *criador de papéis (role creating)* – o indivíduo goza de alto grau de liberdade, como ocorre nas representações espontâneas. (Moreno, 1997, p. 29)

Exemplo de papéis:

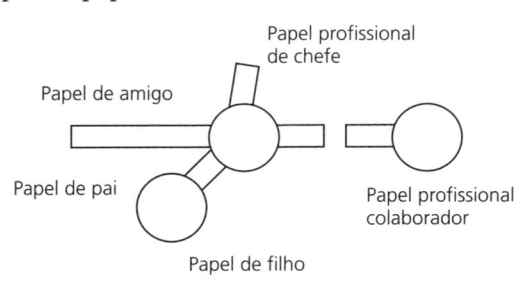

- Papel profissional de chefe
- Papel de amigo
- Papel de pai
- Papel de filho
- Papel profissional colaborador

O diagrama anterior foi desenhado por um participante, e por meio dele trabalhamos suas relações nesses papéis. As análises foram: o papel de amigo contagia o jeito de ser do profissional/pai. Por estar há pouco tempo no papel de pai e no de profissional, ainda se sente melhor como amigo, mas sente que os outros papéis (pai e profissional) estão sendo desenvolvidos.

Eugênio Garrido Martin (1996, p. 209) diz: "torna-se necessário delimitar papel/*status*". O *status* é mais uma noção abstrata que indica a posição que o indivíduo ocupa em uma sociedade, enquanto papel seria o aspecto dinâmico do *status*, ou o desempenho dessa posição ocupada. E, ainda segundo Garrido, os papéis familiares são tangíveis porque imprimem um jeito de ser no mundo, por exemplo o pai e o policial.

Papel e espontaneidade caminharam juntos desde os primeiros trabalhos de Moreno com seu teatro de improviso:

> O desempenho de papéis foi a técnica fundamental do teatro espontâneo vienense. Dada a predominância da espontaneidade e da criatividade no desempenho de papéis, esse foi chamado "desempenho espontâneo-criativo". (Moreno, 1993, p. 157)

Dalmiro Bustos, entre suas inumeráveis contribuições ao psicodrama, apresenta os conceitos de suplementariedade e complementariedade nas dinâmicas dos papéis (vínculos). Para esse autor, os papéis estruturam o ego em suas trocas com o meio ambiente. A zona de interação entre o ego e o mundo exterior está estruturada em forma de papéis. Cada papel se relaciona com complementares de outras pessoas mediante vínculos. Entendemos que, pela falta de diferenciação entre o eu e os outros, entre o mundo interno e o externo e entre as funções dentro das organizações, o universo das relações fica povoado de confusões, sem limite entre o eu e o não-eu. Não há consciência dos vínculos. Bustos explica, ainda, que todo conflito é incorporado utilizando um papel, geralmente o de filho com seu complementar: mãe ou pai. A situação de conflito faz que esse papel fique fixado, em seu *modus operandi*, ao papel complementar primário, denominado complementar interno patológico. Quanto mais forte o conflito, mais incapacitante o resultado e maior número de papéis é afetado.

O papel na empresa

Nas empresas, nosso maior trabalho é exatamente flexibilizar os participantes para que se percebam como receptores, intérpretes ou criadores de papéis. Cada vez mais há a exigência profissional de indivíduos espontâneos em seus papéis, mas que em alguns momentos também necessitam, para sobreviver no meio empresarial, da simples atuação como intérpretes de papéis esperados, desejados ou mesmo exigidos pelo meio em que atuam. É preciso que se conscientizem do que lhes é exigido ou esperado, para que se sintam capazes de escolher entre cumprir ou não o que lhe pedem, conforme isso se adeque a si e, não por simples osmose ("Faço porque exigem isso de mim, sem co-responsabilidade).

Quando os participantes de nossos trabalhos percebem-se atuando e enxergam no outro (grupo ou participante) outras formas de atuação, abrem-se suas possibilidades e eles começam a encontrar novas saídas, mais adequadas e saudáveis.

"O que importa é a expansão do homem em relação às fantasias que ele tem a respeito de si mesmo." (Jonathan Fox)

8
O desenvolvimento pessoal/profissional

Aquecendo

Desde o filósofo Sócrates (século V a.C.) o aperfeiçoamento do indivíduo é discutido e orientado: "Conhece-te a ti mesmo", pois somos o centro do próprio processo de mudança e crescimento. No mundo de hoje, procuramos o aperfeiçoamento pessoal e profissional, e o primeiro passo para que ele ocorra é de fato o conhecimento de si. Não basta conhecer o que pensamos, mas também – e principalmente – como fazemos. Na visão de Moreno, somos o que fazemos, e não o que pensamos ou desejamos fazer. Se eu quiser ser bom, mas no dia-a-dia agir mal com as pessoas, não posso me considerar de fato uma pessoa boa, apesar do desejo. "Sou simpático com meus funcionários, é que as vezes fico de mau humor." O distanciamento entre o que desejamos e o que fazemos nem sempre é reconhecido no nosso dia-a-dia, e a metodologia psicodramática propicia essa visão.

Neste capítulo, comentaremos o trabalho realizado em uma empresa para que os talentos e as competências na função de gerência fossem mapeados, divulgados e desenvolvidos pelos profissionais. O primeiro passo foi, com a área de recursos humanos, traçar as competências necessárias para cada cargo. Definido isso, trabalharíamos as competências dos funcionários e as que precisariam ser desenvolvidas.

Quando o profissional acredita ser hábil em determinada atividade e, no entanto, o grupo não o percebe assim, é preciso que o profissional reconheça que precisa mudar. Imaginamos, então, *jogos dramáticos* com os quais pudéssemos avaliar tais requisitos. Tínhamos dois desafios: o primeiro de avaliar as competências, o segundo de conhecer os profissionais bem-sucedidos na empresa e ajudá-los a alavancar seu potencial, demonstrando os pontos a serem melhorados. Já no início do trabalho, surgiu uma grande dificuldade de relacionamento interpessoal.

Relato de experiência – Gestão de pessoas.

Objetivo: avaliar as competências e conhecer os profissionais.

Público-alvo: gerentes e subgerentes de empresa de prestação de serviço.

Número de participantes: 18.

Primeiro dia

ATIVIDADE

1ª atividade: buscando o tesouro interno.
Tarefa: se você fosse uma pedra preciosa, qual seria?
Cada participante escolheu uma pedra preciosa, explicitando suas características.
Compartilhamento: o que nos chamou a atenção foi que poucos se denominaram diamantes, que é a pedra sabidamente mais cara. Ao colocarmos essa reflexão, o grupo explicitou o medo de querer ser mais que o outro participante e também colocar a questão de o diamante ser a pedra com maior grau de dureza.

> A questão psicodramática daquele momento era: o grupo tem dificuldade com o cluster três (dificuldade na relação com pares, descrita na página120)? Se sim, qual a causa desse comportamento? O medo da competição poderia estar bloqueando o desenvolvimento do grupo.

Atividade

2ª atividade: unificando os valores.
Objetivo: perceber a inter-relação.
Tarefa: de posse da figura das pedras, os participantes, divididos em subgrupos, deveriam desenhar uma jóia.
Compartilhamento: houve "briga" de pedras preciosas; todas precisavam brilhar mais que as outras.

Nesse momento do jogo, fazíamos uma análise de quem possuía a competência "espírito de equipe e liderança". Havia "muitos caciques e poucos índios".

Foi discutido com o grupo o processo de criação da jóia e a co-responsabilidade, pois ninguém queria ceder a idéia que predefinira individualmente. O que nos chamou a atenção foi a contradição entre as duas atividades: na apresentação ninguém queria ser melhor que o outro, na ação todos queriam comandar – uns com mais dureza, outros com mais suavidade, mas sempre interessados na liderança.

Essas duas percepções foram discutidas em sua relação com o comportamento no cotidiano. A conclusão do próprio grupo foi de que no "social" eles se davam bem , mas na hora de resultados os pares se "digladiavam". Esse comportamento fazia que os colaboradores "jogassem" uns contra os outros para se sobressair. Pareceu-nos que o jogo do poder se manifestava negativamente.

> **ATIVIDADE**
>
> **3ª atividade:** nossas competências.
>
> **Objetivo:** avaliar a negociação.
>
> **Tarefa:** os grupos precisavam trocar entre si as jóias concebidas, sendo que elas apresentavam diferentes valores previamente discutidos pelo grupo.
>
> **Compartilhamento:** Foi bastante reveladora essa dinâmica, pois a verbalização exacerbada mostrava a dificuldade de flexibilizar as idéias. Todos saíam com certa quantidade de dinheiro, assim precisavam negociar para não ter prejuízo. Nossa percepção foi focada no ceder, na polidez. Alguns participantes tinham bastante clareza da negociação e, no ganha-ganha, mostraram disponibilidade e propensão a aprender rapidamente, com base no *feedback* dado nas atividades anteriores.
>
> Pedimos para que alguns dos participantes se colocassem com certa distância e comentassem o que estava acontecendo no grupo. Eles percebem que, apesar de ser uma atividade de "como se", ela demonstra a realidade: sentimentos de competição disfarçados de profissionalismo. As discussões técnicas de avaliação das jóias, por exemplo, nada mais eram do que rivalização. "Minha jóia vale mais."

Segundo dia

Após aquecimento inespecífico e específico para retomada dos trabalhos.

> **ATIVIDADE**
>
> **4ª atividade:** criando um caso.
>
> **Objetivo:** reconhecimento das competências.
>
> **Tarefa:** em subgrupos, os participantes deveriam, por meio de dramatizações, contar um caso em que um produto tenha recebido uma reclamação e, em seguida, revelar a solução dada. Eles deve-

> riam criar o produto, a loja, o cliente, a reclamação, o funcionário da empresa e depois chegar à solução.
>
> **Análise do processo**: o grupo começou a identificar individualmente suas características, percebendo: suas escolhas, ações e reações diante do improviso das cenas; como lidaram com os papéis de autoridade, se escolheram papéis cuidadores ou autoritários; como se relacionaram com seus pares.
>
> Fizemos mais algumas atividades para mapear as competências inter e intragrupais. Após essas atividades, cada participante recebeu a devolutiva sobre sua participação e evolução no processo. Alguns foram encaminhados para *coaching* e todos fizeram planos para superar as dificuldades se adequar ao perfil desejado pela empresa (ver capítulo 13).

Teoria

É valiosa a contribuição da teoria de clusters, desenvolvida por Dalmiro Bustos, para trabalhos nas empresas. Assim, tomamos a liberdade de descrever o entrelaçamento dessa trama com o psicodrama organizacional assim como o entendemos.

Na teoria do psicodrama os papéis se agrupam de acordo com certa dinâmica. Clusters significam, então, um cacho de papéis que inter-relacionados assumem determinadas proporções e características e conduzem nossas atitudes. Desde o nascimento incorporamos experiências que influenciam fortemente nosso futuro.

Bustos descreveu cada cacho de papéis da maneira que transcreveremos a seguir.

Cluster um: materno

O bebê nasce totalmente dependente; ou é cuidado ou morre. Nem psicologicamente nem biologicamente pode se valer sozinho.

Nesse primeiro momento de vida, o corpo registra tensões e incorpora-as como tensão própria. Nos braços da mãe, a segurança ou insegurança toma forma para a criança, antecipando a incorporação de ternura e placidez, ou de angústia e tensão.

A função materna de alimentar o bebê gera uma primeira conduta essencial para a sobrevivência. Esse é o primeiro papel, nascido da relação mãe provedora e filho a ser provido. A palavra chave é *dependência*.

Aprender a depender é essencial para o desempenho da vida adulta. Saber receber, aceitar ser cuidado e aceitar momentos vulneráveis dependem da experiência nessa fase. Quando necessita de algo, o adulto pode ou não expor sua carência sem angústia e como algo natural. Sua espontaneidade atravessará o filtro dessa experiência, permitindo que viva essa fase carente sem rejeitá-la ou supervalorizá-la.

Para Bustos, o sentimento mais primário é a *ternura*. Aceitá-la é essencial para a construção da *intimidade*. Sem ternura, a força se converte em dureza. Um adulto eficientemente cuidado trará em si a capacidade de operacionalizar as relações afetivas. A ternura não requer muitas palavras, ela é pré-verbal.

Sem ternura, as normas e autonomias se convertem em pressão, gerando uma relação de máxima dependência e apego, na qual se evita cair nas mãos de quem se ama. A ternura é a relação inicial do prazer. Fazer amor, trabalhar, cumprir com a obrigação são relações impregnadas prazerosamente pelas pessoas por ternura. Ser superprotegido nessa fase transforma o adulto em ser aprisionado pelo medo do amor. Essa primeira aprendizagem inscreve o binômio superproteção/abandono. Ele é como um mito, e é verdade para o adulto. Certos estímulos são incorporados como pertencentes e naturais: por mais que a pessoa receba, a sensação do abandono predomina.

As estratégias do ser humano para enfrentar angústia acompanham sua versatilidade, isto é, quanto maior a variedade de recursos internos que o indivíduo tem, melhor ele se cuida sem resistir às mudanças. A angústia pode ser superada pela espontaneidade.

Voracidade e inveja se instalam pela fome nesse primeiro momento da formação do cluster materno. Quando a sensação de raiva prevalece durante o aleitamento materno, o que deveria ser amor (leite + carinho) é sentido como algo que não pertence ao bebê. Logo, pertence a outro e é desejado (*inveja*).

Todos temos esse sentimento, em maior ou menor grau. O que se diferencia é a forma de lidar com a inveja, que é um dos maiores inimigos da auto-estima. A admiração e a gratidão são antídotos, o reconhecimento libera a fonte de amor e a dívida para com o outro.

A *culpa* também pertence a esse cluster. Ela se converte em um sinal de alarme diante de um *limite*; é quando pensamos ter o que o outro não tem. A culpa pode ser personificada em um sentimento de autoflagelo ou acusação, o que dificulta a compreensão e a saída saudável para a situação. Por outro lado, a culpa ajuda a marcar os próprios limites, evitando algumas ações que possam prejudicar alguém.

A *vergonha*, ainda segundo Bustos, muitas vezes é confundida com a culpa, pois é uma sensação de ação desonrosa ou humilhante que nos faz remoer um acontecimento. É na verdade um padecimento, pois a alta expectativa de desempenho não foi cumprida e a humilhação é insuportável, é uma depreciação sobre si mesmo. Uma mãe superprotetora com um pai austero forma esse quadro.

A *agressão* é uma das ferramentas utilizadas para dar conta desses momentos. Ela é a uma defesa necessária, mas não deve ser a única diante de um desconforto.

Outra forma de agressão que pode aparecer é demonstrar que recebemos menos do que gostaríamos, é a insaciabilidade. Aparentemente não pedimos, mas nossa versão reativa demonstra que acreditamos em uma eterna dívida do mundo.

O cluster um caracteriza-se como passivo, dependente, incorporativo. É o momento em que a agressão é demonstrada pelo abandono, desejamos que o outro sofra carência de afeto e solidariedade, apesar de não demonstrarmos a capacidade de "ferir" abertamente. "Minha ausência é como a falta de alimento, te deixará sem força."

Entender esses sentimentos auxilia a aceitação do grupo e dos seus participantes como indivíduos carentes tanto quanto qualquer ser humano, que sentem falta de algo e se defendem como podem. É o momento de trabalhar com os jogos de função materna de suporte (*feedback*), aceitação. Aceitando e se fazendo aceito na relação com a equipe da direção do trabalho: é assim que novas possibilidades podem se abrir para o grupo.

Reparação saudável desse cluster: pelo encontro. Cabe ao terapeuta ou coordenador fazer o papel de *holding*, dar estímulos afetivos e acolhedores, com honestidade e verdade.

> O Encontro acontece *ex-abrupto* e de forma tão intensa que a espontaneidade-criatividade presente é liberada no ato de entrega mútua (princípio da entrega). Ganha a conotação de um orgasmo vital, expressa a explosão de "centelhas divinas" na fração de tempo em que acontece a perda de identidade, pessoal, temporal e espacial. As pessoas envolvidas fundem-se na "re-união" cósmica. É voltar às origens... O clímax do desenvolvimento assemelha-se ao princípio. O fim e o começo unem-se, os extremos tocam-se. (Fonseca, 2000, p. 97-8)

O encontro tão desejado pelo adulto acontece quando, pela espontaneidade e mútua entrega, há uma "explosão da alma". Nas organizações, os participantes vão se mostrando aos poucos, por medo de se expor: são pequenas explosões, pequenos milagres, como um abraço, um pedido de desculpas, uma gentileza, que demonstram os encontros e efetivam as mudanças.

Cluster dois: paterno

Surge quando começa o andar, a busca para alcançar objetivos e o sentimento de "eu posso". O bebê deixa de ser cuidado somente pela mãe para ser cuidado pelo ambiente, aparecendo o pai (figura paterna), ou quem o represente.

O pai funciona como ego auxiliar e ensina a criança a se manter sobre os próprios pés. É função dele auxiliar a estruturação, com base nas normas vigentes, do bebê, bem como sua relação com o ambiente. O pai, no papel de mediador entre a criança e o ambiente, fortalece a maturidade da criança. Quando ela começa a alcançar os objetos e andar, passa do ato automático para o ato da própria vontade, e assim vão se escrevendo os valores e ideais. As regras começam a vigorar, ao mesmo tempo que a criança percebe a possibilidade de segui-las ou não. No conjunto regras/espontaneidade, valores/ideais, sua autonomia moral vai se formando.

As normas aprendidas nessa etapa são irrefutáveis; surgem as relações por *critério*. A escolha (sociometria) nas relações remonta a essa fase e se constitui de aprendizagens marcadas por toda a vida. Essas primeiras escolhas são muitas vezes ideais para aquele momento; no entanto, acabam matrizando de tal forma que se tornam a única escolha possível, mesmo na vida adulta.

Conseguir se relacionar com muitas pessoas ao mesmo tempo é complexo para alguns indivíduos. No papel profissional, é impossível manter relações apenas com uma pessoa de cada vez, por isso o cluster dois precisa ser bem incorporado.

A fantasia, desejada e temida por todos nós, é a de encontrarmos uma só pessoa que nos complemente em tudo. Aprender a manter bons relacionamentos com vários tipos de pessoas e incorporar novas relações é fundamental em um mundo globalizado como o de hoje. Reconhecer as dificuldades nesse cacho de papéis é o início do processo de desenvolvimento pessoal e profissional.

Ainda nesse cluster, desenvolvem-se dificuldades nos adultos que, quando crianças, tiveram de andar muito cedo, "necessitaram" caminhar antes de estar preparados. A figura paterna ensina os caminhos e como enfrentar as dificuldades. Se empurrar a criança para a vida antes da hora, ou se demorar demais para ajudá-la a ganhar autonomia, então temos novamente o adulto com restrições no desenvolvimento. Os clusters um e dois são relações *assimétricas*. O exercício da *autoridade* depende do que foi aprendido no cluster paterno. A pessoa titubeante não tem autoridade interna definida.

Tomar *iniciativa* e *gerar confiança* é para as pessoas que sabem e antecipam que os outros gostam dela. O que se considera *carisma* em algumas pessoas é sua autoconfiança irradiada, seu sentimento de aceitação e de liberdade para se relacionar. Se a figura paterna for "forte em liderança", a *liderança* é incorporada.

O *ciúme* advém dessa fase, pela vontade de "cuidar" em demasia. Foucault (2005) trata o poder como uma força entre duas pessoas/coisas. Portanto, o indivíduo tem o poder, mas não o estabelece na relação. Essa idéia nos dá autonomia para repensar como lidar com o poder. Não somos nós que temos o poder, mas o estabelecemos nas relações em que o outro exerce o papel complementar.

Dessa forma, é importante trabalhar os jogos de autonomia e liderança para fortalecer o movimento de caminhar com as próprias pernas de cada um e do grupo como um todo. É possibilitar o crescimento com pulso na própria coordenação, mas com rédea frouxa para que se aventurem em seus próprios passos.

Reparação saudável desse cluster: redescobrir seu poder de sim e não de forma adequada; perceber os ganhos nas obrigações e se estas são de fato obrigações ou meios para alcançar os objetivos propostos; entender o seu limite e o limite do outro; acreditar e traçar leis para se proteger e proteger os outros. A maior reparação está em usar o poder com suavidade, gentileza e sabedoria; saber obedecer e saber comandar com ternura, alternando esse obedecer e esse comandar. "Hay que endurecer, pero sin perder la ternura jamás" (Che Guevara).

Cluster três: fraterno

Para Bustos, o terceiro cacho de papéis é o dos irmãos. O bebê já está aprendendo a diferenciar objetos de pessoas, fantasia de realidade; o que ocorre dentro de si é o *eu* e fora está o *não-eu*. Como já comentamos em capítulo anterior, é nesse momento que aprendemos a trabalhar com a brecha entre a fantasia e a realidade.

O primeiro e o segundo cluster são relações assimétricas que dependem da mãe, do pai e do amparo. O equilíbrio dos dois primeiros clusters trará a capacidade de se cuidar e de se arriscar em busca dos desejos.

No cluster três aparecem outros personagens, irmãos, com quem a criança pode brincar, e não só de que dependa. A simetria do cluster três é a que mais nos acompanha nos papéis de adulto, amigo, companheiro, esposo, amante etc. É o cluster em que se aprende a partilhar, momento no qual não é fácil abrir mão do que foi conquistado, e muitos ficam com o sentimento de "é meu". Implica renunciar à onipotência e à tirania.

Aqui se aprende ou não a "destruir o que se tem e o que se deseja". O sentimento de rivalidade impulsiona a tirar do caminho o que nos ameaça. Os vínculos desse cluster contêm três dinâmicas: compartilhar, competir e rivalizar. Compartilhar é o mais desejável, porém o mais difícil. O enfrentamento entre pessoas faz que a assimetria se dilua, podendo compartilhar seus desejos e angústias ou transformando o adulto em um dependente amoroso que segura e controla.

Repartir requer um desejo de dar para o bem comum, o que para Moreno é o desejado (*sharing*); compartilhar para todos ganharem é o que se faz na dor, na aprendizagem e nas conquistas. Mas o ser humano não é tão altruísta: quando a necessidade narcísica é tão importante como a decisão de compartilhar, o competir ou o rivalizar prevalecem.

A sociedade individualista nos leva a perguntar o que ganhamos com isso. A auto-estima está avaliada em quanto temos de ganho pessoal. Assim "tiramos a pessoa que está no caminho". A competição sempre existiu socialmente e é adequado algumas vezes; o problema está em competir de qualquer maneira e a qualquer momento.

A negociação é essencial nas relações do cluster três. Os pactos e acordos nascem desse cluster. A construção do "nós" é a característica desse cluster, que ocorre quando se asseguram os pactos, o ceder e o avançar. O consentimento assegura uma relação que não se sustenta somente com o domínio.

Lutar não é destruir o outro, e às vezes o medo de destruir advém da culpa. Então o mecanismo de chorar, vitimizar-se, reclamar continuamente de tudo e de todos é utilizado como forma para conseguir algo. Se nesse cluster não lidarmos bem com essa agressividade, ou destruímos o outro ou nos destruímos.

As manifestações agressivas do cluster três tomam caráter destrutivo quando a discussão, o enfrentamento, é por meio do "tenho razão a qualquer preço". Um trabalho em grupo requer maturidade para permitir as relações simétricas de forma a compartilhar e proteger a equipe para que não entre em clima de rivalização. Em muitos momentos, os jogos de competição ensinam as pessoas a refletir sobre o modo que atuam com seus pares e/ou opositores.

Reparação saudável desse cluster: a união faz a força, eu posso e o outro também pode; posso conquistar sem destruir o outro; podemos compartilhar.

O alicerce da pessoa é o cluster um, seu pilar é o cluster dois, e o cluster três é o resultado para o desenvolvimento do adulto.

O papel do coordenador de grupo corresponde à capacidade de disponibilizar experiências para o intercâmbio dos papéis em seus cachos. A crítica destrutiva impede o crescimento grupal. A arrogância e o exacerbamento ("eu sou bom", "eu resolvo"), são sintomas de assimetria de papel.

Durante o trabalho exemplificado no início do capítulo, desenvolvimento de gestores em seu papel pessoal/profissional, percebemos a necessidade de auxiliar no desenvolvimento do cluster três sem desvirtuar o objetivo inicial – gestão de pessoas e mapeamento das competências. Se os participantes não reconhecem a rivalidade nem aceitação na necessidade de construção do conceito "nós", as capacidades individuais se perdem ou são pouco aproveitadas. Os liderados acabam se valendo das discordâncias dos líderes ou têm medo das reações adversas entre eles.

O que percebemos nesse trabalho foi principalmente a dificuldade relativa ao cluster três. A parceria, a arte da negociação e da espontaneidade nos vínculos, precisou ser desenvolvida.

Para nós, o desenvolvimento pessoal e profissional passa por fases:

1. Conhecer as facilidades e dificuldades para saber as próprias competências ao enfrentar os obstáculos/oportunidades inerentes às mudanças e ao crescimento. Esse autoconhecimento facilita a percepção de que a mudança só se dê fora e evita também a expectativa de que outra pessoa mude a situação.
2. Conhecer e se libertar antigos de padrões, ou seja, com base nas competências, buscar novas formas de agir.
3. Conhecer o objeto do trabalho, as necessidades deste e o que elegemos como retorno. As exigências que fazemos nas relações precisam estar claras para o nosso desenvolvimento. Esperamos que os outros nos dêem aquilo que precisamos, mas isso é possível?

Quando as exigências são mapeadas, percorremos o caminho com maior segurança, sem perder nosso objetivo e sem achar que os obstáculos são rompimentos no nosso caminhar em parcerias. Nossas necessidades são importantes para que possamos satisfazê-las. Nossas exigências são os abafadores das necessidades, já que a necessidade é intrínseca à exigência e é cobrada externamente.

9
Coaching com psicodrama

Todo ser humano que busca a evolução tende ao sucesso. De forma organizada, controlada, descontrolada, rápida, lenta, doida, neurótica, cada pessoa busca um caminho para alcançar seus objetivos. Essa busca, quando é feita de forma diretiva, facilita o caminho a percorrer. O *coaching*, como um mapa, leva o profissional a vislumbrar melhores trilhas, por vezes ainda não percorridas, expandindo seu leque de respostas para o mundo. Tal mapa, auxiliado pelo *coacher*, leva o profissional a encontrar a mina de ouro interna, fonte do próprio talento e sabedoria, bem como a saber quando e de que forma pode utilizar as competências.

O primeiro passo nesse trabalho é saber onde o profissional está, aonde quer chegar e como utilizar seus recursos internos para alcançar os objetivos. Quando elevamos a gama de compreensão das nossas ações presentes e as possibilidades de novas maneiras e atitudes, tornamo-nos indivíduos mais flexíveis. Sair dos velhos padrões para um melhor desempenho (maneira ou forma de chegar a um resultado esperado) facilita a alcançar os objetivos com autonomia, a dar respostas novas aos estímulos conhecidos e, diante dos novos estímulos, a criar situações eficientes, a não se deixar paralisar, acionando assim sua capacidade de oferecer respostas ao mundo.

Como nossas ações determinam os resultados, o psicodrama amplia as possibilidades de respostas para alcançar o resultado almejado. O *coaching* auxilia o desenvolvimento do papel profissional, para que seja possível elevar padrões de conhecimento, habilidades e atitudes na moderna administração organizacional, aproveitando melhor as informações recebidas.

Hoje sabemos que ser eficiente e eficaz não é o bastante para grandes resultados profissionais: é necessário elevar a dimensão de ser humano para "sujeito capaz de se estimular e estimular o próximo a encontrar resultados". Para que isso ocorra, é preciso ter coragem de descortinar crenças e paradigmas, a fim de desconstruir e construir um novo ser mais apto a correr com os diversos estímulos.

O *coaching* é indicado aos profissionais dispostos ao desenvolvimento de novas habilidades e ao aperfeiçoamento de competências pessoais com esse processo. A condução do papel profissional de forma a buscar os resultados com a máxima qualidade e o menor desgaste possível é o diferencial dos bons profissionais. A expectativa é que, pela reflexão propiciada no trabalho do *coaching* com o psicodrama, os profissionais busquem a implementação de novas ferramentas para:

- Trabalhar os aspectos comportamentais, lidando com os desafios de sua função e com seus próprios bloqueios e revendo seu papel profissional à luz de suas competências, seu momento de vida e da relação com seus colegas e chefia.
- Ser um profissional proativo e comprometido com a mudança.

O psicodrama, metodologia rápida e eficaz, permite que nas sessões de *coaching* as ações sejam refletidas, para que a própria ação do cotidiano dos papéis profissionais se transforme e aprimore. Lembrando que a busca da *ação* conectada com o *pensar* e o *sentir* é a busca do psicodrama, e é na ação que temos capacidade de transformar a própria realidade pessoal e o mundo circundante de forma adequada e efetiva.

No processo de *coaching*, a necessidade de desenvolver o papel profissional visa a elevar os padrões de conhecimento, as habilidades e as atitudes na moderna administração. São quatro dimensões a serem contempladas:

- *Organizacional*: em relação a missão, visão, valores, políticas e objetivos organizacionais; variáveis do ambiente externo e da cultura organizacional.
- *Técnico-gerencial*: em relação a exercício das funções gerenciais (planejar, organizar, dirigir e controlar os trabalhos e recursos) na sua área de governabilidade, com foco no resultado e no cliente.
- *Interpessoal*: em relação a construção de relacionamentos, gestão da comunicação, da integração, de conflitos, de comportamentos alinhados a valores e propósitos organizacionais.
- *Intrapessoal*: em relação a autoconhecimento e desenvolvimento da ética, iniciativa, coragem, otimismo, bom humor, persistência, autenticidade, comprometimento, sensibilidade, sabedoria no uso e compartilhamento do poder.

Fases do *coaching* com psicodrama

- Primeira fase: contrato (o que se quer e aonde se deseja chegar).
- Segunda fase: ação vivencial.
- Terceira fase: atividades a serem realizadas durante o intervalo entre um encontro e outro.
- Quarta fase: avaliação e auto-avaliação.

Durante o desenvolvimento do programa, são elaborados planos de ação para implementação de mudanças, focados nas necessidades e dificuldades da prática profissional. Essas situações são selecionadas de acordo com critérios da metodologia específica.

Com base na realidade vivida pelo participante na organização/área, será desenvolvido um trabalho individualizado, no qual o profissional, por meio de jogos e simulações, reflete e analisa para rever sua ação e a do grupo que gerencia.

Durante o desenvolvimento do programa, serão indicadas leituras como embasamento teórico, bem como material para ampliar a capacidade e a possibilidade de alternativas gerenciais.

A sessão psicodramática para o *coaching*

- *Aquecimento*: atividade para clarear e nortear o encontro e para buscar a espontaneidade.

  O esperado nessa fase é que o *coach* tenha o pensamento divergente e amplie as idéias de si mesmo e dos outros, para que a reflexão sobre as ações se efetive. Ao iniciar o *coaching*, o profissional começa a levantar os pontos a serem trabalhados.

- Dramatização, ou trabalho com objetos intermediários: para alcançar o cerne da questão, o que se quer transformar ou realçar. Ação e dinâmica adequada para a situação.

  A cena da demanda é montada, os papéis são invertidos. É possível ver a si mesmo por vários ângulos.

- Compartilhar: para focar a essência da questão e dividir as percepções. Em seguida, é feito um partilhamento para se perceber em cada personagem vivido.

- Saídas possíveis por meio da reflexão.

  O *coaching* por ser focal; as melhorias são planejadas entre os encontros.

Resumindo:

- Aonde quer chegar? *Contrato*.
- O que precisa? *Reflexão*.
- Quais as dificuldades? *Constatações*.
- Quais são as saídas saudáveis – *Plano de ação* (Trem® – ver último capítulo).

As ferramentas utilizadas são cenas vivenciais, estímulos, atividades, objetos intermediários para a reflexão, a fim de perceber como se tem agido em determinadas situações.

Norteadores teóricos:

- matriz.
- papéis.
- cluster.
- resposta esperada: espontaneidade.

Encontros presenciais, individuais e em grupo, para estabelecer o contrato de trabalho e balizar o processo (marco zero), com base na experiência dos gerentes em sua área de atuação. Nesses encontros, os conceitos serão construídos por meio de vivências e mobilização das capacidades do grupo.

Modo virtual: destinado ao monitoramento do processo e à troca de experiências entre seus participantes.

- *Etapas do processo*: refletindo sobre o passado, percebendo o presente e planejando o futuro para melhor atuação.

Relato de experiência – Intevenção com um grupo

Objetivo: trabalhar as relações interpessoais.
Público-alvo: equipe e gerente.
Número de participantes: 13.

> ATIVIDADE
>
> **1. Identificação da clientela.**
> - Gerentes que estejam buscando a implementação de mudanças efetivas em sua área de atuação, por meio da realização do plano de desenvolvimento gerencial (PDG).

- Participantes do PDG que tenham disponibilidade para acompanhar seus planos de ação, com vistas à avaliação do PDG.
- Profissionais dispostos ao desenvolvimento de novas habilidades e ao aperfeiçoamento de competências pessoais pelo processo de *coaching*.

2. Sessões de *coaching* em grupo após o PDG.
- Estabelecimento de um "marco zero" em relação à vivência do PDG: reflexões, principais dificuldades a serem superadas, mapeamento de ações.
- Levantamento de expectativas em relação ao processo.
- Apresentação sobre *coaching*: o que é, qual é sua finalidade e seu alinhamento com o atual momento profissional e as demandas pós-PDG.

3. Sessões de *coaching* individual pós-PDG.
- Apoio aos gerentes no aprimoramento de sua gestão.
- Reflexão sobre carreira e desempenho profissional.
- Identificação de deficiências e superação em busca de resultados.
- Quantificar e definir indicadores, metas, prazos e desafios.
- Planificar recursos e estratégias.

4. Avaliação de resultados após implementação do plano de ação.

Benefícios do *coaching*

Existem muitos benefícios para o cliente, por exemplo: tornar-se mais produtivo e confiante e ter relacionamentos mais satisfatórios. Ele pode conseguir ganhar mais dinheiro ou sair do endividamento. Também terá possibilidade de desenvolver-se melhor no trabalho e progredir na carreira. Ser mais feliz e ter uma vida mais equilibrada e congruente.

> O *coaching* também traz muitos benefícios para os negócios: o trabalho em equipe se desenvolve melhor e o estado geral melhora, porque *coaching* é uma evidência do compromisso da empresa em desenvolver seu pessoal. O *coaching* preserva empregados-chave e evita o custo de retreinamento, a perda de conhecimento empresarial para a concorrência e a queda de produtividade quando o pessoal se vai.

"Sempre existe um jeito de fazer melhor; encontre-o." (Thomas Edison)

10
A comunicação distorcendo a comunicação: diferentes relações, diferentes comunicações

"Um não sem firmeza é um sim sem liberdade."
(Autor desconhecido)

A forma como nos comunicamos (falar e ouvir) advém da história de vida de cada indivíduo. Assim, ela é complexa e sempre teremos várias interpretações para um mesmo dado. As conservas culturais e a matriz de identidade, frutos da educação familiar, cunham os significados que damos para fatos e dados.

Para um menor ruído, inicialmente temos de entender e perceber a forma de comunicação dos outros e as nossas estratégias para ouvir. Sim, temos uma escuta seletiva: escutamos e entendemos aquilo que faz eco em nós. A sintonia entre escutar e falar não é tarefa fácil para muitos, no entanto pode ser o diferencial de um bom profissional. A comunicação deve ser clara e fluente em relação ao que se quer passar; e o ouvir deve ser fluente e sem barreiras, para receber as informações, conseguindo captar não apenas palavras, mas sensações e intenções de quem expõe.

O psicodrama e a utilização de objetos intermediários auxiliam na percepção de si e na percepção do outro, além de ampliar as possibilidades de comunicação. A boa comunicação é sempre realizada entre o eu e o tu. É preciso refletir como reconhecemos o tu, o outro, e não apenas o eu. O que para mim tem um significado não quer dizer necessariamente o mesmo para o outro. Como diria Martin Buber, o outro fica coisificado, sendo considerado de forma estigmatizada. "Ele deveria ser desta maneira."

Um exemplo atual e freqüente de distúrbio da comunicação nas empresas é o correio eletrônico. Descreveremos, então, um trabalho desenvolvido sobre essa questão.

Relato de experiência – Comunicação

Objetivo: instrumentalizar os participantes nas diferentes formas de comunicação.

Público-alvo: funcionários de diversas empresas.

Número de participantes: 24.

Primeiro dia de trabalho

> ATIVIDADE
>
> **1ª atividade:** aquecimento inespecífico.
> Após as falas iniciais, explicamos o objetivo do trabalho: facilitar a comunicação interna dos departamentos da empresa. Todos sentem os entraves dessa relação e dão destaque imediato à atual forma de comunicação: *e-mails*, anotações, *messengers* etc.

Antes de os participantes começarem a contar *cases*, propomos a seqüência do trabalho.

ATIVIDADE

2ª atividade: comunicação escrita. Aquecimento específico.

Objetivo: refletir acerca da comunicação. O que quero transmitir é diferente do que o outro entende.

Tarefa: distribuímos uma folha que imita o espaço do correio eletrônico.

De:
Para:
Cc:
Cco:
Assunto:

O grupo se dividiu em duplas, e pedimos que cada um escrevesse ao parceiro (comunicando, convidando para uma festa, reunião, ou o que quisesse). Sem outro tipo de comunicação, cada um deveria responder a esse e-mail.

Um participante escreveu a todos do grupo:

"Comunicado geral:

Na próxima semana, todos os gerentes devem comparecer à sala de treinamento II para discutir os seguintes assuntos:

reajuste salarial;

readequação do quadro de funcionários;

previsão de orçamento para o 1º semestre de 2003;

apresentação de relatórios de produtividade de 2002.

Aguardo a presença de todos no dia 24/1/2003, às 8h30

A diretoria."

Resposta 1

De: Gerente 1 **Para:** Diretoria

Confirmo presença em 24/1/2003, às 8h30.

Resposta 2
De: Gerente 2 **Para:** Diretoria
À diretoria,
confirmo minha presença na reunião, estarei com os devidos documentos encaminhados.

Resposta 3
De: Gerente 3 **Para:** Diretoria c/c para todos os gerentes
À diretoria,
confirmo minha presença na reunião do dia 24 próximo e envio anexa a previsão orçamentária e os relatórios de produtividade para sua apreciação prévia.
Sem mais para o momento, agradeço.
Gerente 3

Compartilhamento: após a leitura das respostas, a reação foi imediata quanto aos ruídos subjetivos.

A participante que enviou o comunicado ficou muito irritada e disse: "Foi exatamente isso que aconteceu na minha empresa. A diretoria pediu um monte de coisa de última hora e um 'idiota' até enviou tudo antes, só para mostrar sua eficiência e colocar todos os outros em situação difícil". Ela conta como o grupo reagiu indignado com a falta de postura do que se antecipou, causando embaraço aos que não haviam preparado nada de antemão (apesar de a reunião ser esperada, não tinha uma data marcada).

Cada participante colocou como pensa e age ao receber determinadas comunicações. Aqueles cujas respostas giravam em torno do exemplo "gerente 1" comentaram o quanto são sucintos ao responder a qualquer correspondência, apesar de alguns já se colocarem em produção imediatamente após o comunicado, providenciando o que lhes foi pedido, e outros serem mais tranqüilos para administrar o problema que um comunicado desses poderia trazer. Um dos participantes disse que ficava angustiado quando lhe pediam novos trabalhos, mas procurava não demonstrar. O que escreveu o exemplo três sentiu-se chocado, nunca imaginou que sua agilidade na entrega de tarefas pudesse incomodar tanto a alguém, muito menos ao grupo, e imagina que isso aconteça com maior freqüência do que possa ter percebido. Outra participante também se identificou com o problema, pois costuma se antecipar e também ser alvo de incompreensões por parte de outras pessoas.

Parece-nos que, nessa situação, apenas o psicodrama utiliza técnicas suficientes para o entendimento da questão. Esse era um grupo com participantes de diversas empresas que já se conheciam o suficiente para buscar um entendimento; o jogo, apesar de fictício, trouxe um exemplo real de comunicação.

Atividade

3ª atividade: comunicação verbal.
Objetivo: perceber as dificuldades da comunicação oral.
Tarefa: três pessoas saem da sala. Conta-se um conflito vivido em uma empresa e, logo após, uma das pessoas que haviam saído, entra na sala. Um participante conta o caso e, em seguida, o ouvinte conta para um segundo que entra, que conta ao terceiro quando este entra na sala.
Compartilhamento: apesar de ser uma vivência conhecida, sempre provoca uma mudança da vivência do grupo; o participante sai modificado.

A segunda pessoa se aborreceu, pois o grupo riu das mudanças que ela fez no caso ao recontá-lo. Como diz o ditado, quem conta um conto aumenta um ponto, ou diminui dois. Ela se sentiu uma tola diante do grupo. Na sua vivência no papel profissional, ela relatou que odeia quando riem dela, pois acredita que a fala tem de ser precisa e é de sua responsabilidade falar sempre corretamente.

Trabalhamos, então, a relação entre quem fala e quem escuta: não há vilão nem vitimas, todos fazem ruídos.

A questão narcísica é fundamental na percepção e reflexão da comunicação.

Atividade

4ª atividade: construção da cena.
Objetivo: perceber e refletir a forma de comunicação individual.
Tarefa: dramatização de um *case* real. Durante a dramatização, foi utilizada a técnica do espelho e, ao final, os participantes deram seus *feedbacks* sobre o que facilitou e o que dificultou sua comunicação nesse *case*.
Compartilhamento: uma das participantes se percebeu em uma postura de ironia ao discutir com o chefe. E, passando isso para o real, admitiu que considera o chefe incompetente por exigir dela muitos detalhes de cada tarefa. Ao teorizar, apresentamos o perfil das pessoas com caráter mais analista, que exigem detalhes, e a protagonista, que apresenta um perfil mais assertivo e diz apenas o essencial. O choque de formas de comunicação é muito comum, e muitas vezes o profissional se sente depreciado pelo chefe em razão disso.

Os membros discutiram bastante a respeito do que acontece durante as reuniões que têm essas manifestações exacerbadas.

Assim, focamos o tema de reuniões no dia seguinte.

Segundo dia de trabalho.

> ## Atividade
>
> **1ª atividade:** condução de reuniões.
>
> **Objetivo:** explicitar os diversos estilos de condução e participação nas reuniões.
>
> **Tarefa:** divididos em subgrupos, dramatizar os tipos de reuniões mais comuns à empresa.
>
> ### Tipos de Reunião (texto de Joceli Drummond e Luiz Miele)
>
> #### Reunião macaco
> *Característica:* imitam quem dá o primeiro voto. Termina a reunião, "cada macaco no seu galho". Brincam: "Não ouvi, não falei, não vi, não me comprometi".
> *Resultado:* todos saem bem, sem discórdia, mas a efetividade é uma grande banana.
>
> #### Reunião tubarão
> *Característica:* barbatana pra cima, rápido, ágil. Devora os que falam e dão opiniões contrárias. Percepção boa e bom sondar para descobrir as vítimas.
> *Resultado:* muito medo e muitos feridos; a efetividade acontece por medo.
>
> #### Reunião rouxinol
> *Característica:* muita melodia. Todos ouvem e se encantam, há harmonia.
> *Resultado:* todos voam para o ninho com a imagem, e não o conteúdo.
>
> #### Reunião papagaio
> *Característica:* todos participam dando palpites. Falam o que pensam e o que não pensam.
> *Resultado:* não chegam a um consenso. Há penas de várias cores, muita fala; falta objetividade; duração longa, pois saem do foco várias vezes.

Reunião tartaruga

Característica: parece que os participantes estão dormindo; é uma reunião aborrecida, não engrena e demora a deslanchar.

Resultado: cansaço, pouco proveito, os participantes saem com menos de 30% das informações passadas.

Reunião escorpião

Característica: começa para ferrar o outro. Quem fala recebe objeções mal-humoradas.

Resultado: vítimas são mortas quando desprevenidas. As pessoas não se expõem, idéias brilhantes são arquivadas.

Reunião pingüim

Característica: todos formais, bem arrumados, mas a frieza predomina. São gentis e educados.

Resultado: nenhuma rusga entre os participantes. Falta sinergia, as pessoas não se comprometem entre si nem fazem parcerias.

Reunião tatu-bola

Característica: todos se protegem. Enrolam-se para não se abrir nem dar espaços. Cada um domina o seu feudo.

Resultado: cada um rola para um lado, dispersando-se. O conteúdo da reunião vai para diferentes direções, ou somente para quem se interessa pelo jogo de poder.

Reunião do homem

- *Brincadeira do macaco.*
- *Precaução da tartaruga.*
- *Soro para o escorpião.*
- *Canto do rouxinol.*
- *Percepção e coragem do tubarão.*

- *Possibilidade da fala do papagaio.*
- *Defesas do interesse das áreas do tatu-bola.*
- Brainstorming *do macaco.*
- *Gentileza do pingüim.*

E, também, a possibilidade de o Homem se autogerenciar, coordenar seu próprio comportamento e sua atitude diante do objetivo da reunião e dos participantes.

Compartilhamento: após as dramatizações, o grupo comenta e acrescenta exemplos de reuniões vividas. Entre risos e incômodos, colocam como conduzem e como são conduzidos pelos outros. Comparam a reuniões de sindicato, de projeto etc.

Atividade

2ª atividade: condução de reuniões.
Objetivo: treino do papel de condutor de reuniões.
Tarefa: distribuídos livros e revistas com temas diversos, cada subgrupo organiza uma reunião sobre determinado assunto.
Compartilhamento: após os exercícios anteriores, o grupo já é capaz de se sentir mais à vontade para se colocar e dar *feedbacks*, co-responsabilizando-se por suas ações e auxiliando os outros a entender as emoções que se descortinam durante a reunião, seja ela fictícia ou não.

Ferramentas de condução de reuniões são discutidas após o desenvolvimento pessoal.

Como preparar a reunião

Em relação ao *condutor*
- agendar a reunião com antecedência;
- definir a pauta alguns dias antes e comunicá-la a todos;
- estar bem informado, familiarizar-se com o assunto previamente;
- ser organizado, fazer um plano bem estruturado, levando em conta todos os detalhes.

Em relação ao *ambiente*
- sala organizada, de acordo com a necessidade;
- número de lugares suficientes;
- posição da mesa;
- equipamentos/ferramentas (*data show*, microcomputador, tela, TV, vídeo, outros);
- temperatura adequada *versus* número de participantes;
- iluminação adequada, caso seja preciso utilizar projeção;
- cinzeiros, caso seja permitido fumar.

Em relação aos *serviços*
- café e água, horário e local em que serão servidos;
- caneta ou lápis, papel, relatórios e outros.

Verificar *material para apresentação* e *material para distribuição*.

Em relação aos *participantes*

Verificar:
- se todos receberam a comunicação e estão a par do horário de início dos trabalhos e da data;
- se todos já se conhecem ou se será melhor distribuir identificações de mesa ou solicitar que cada um se identifique;
- se todos estão a par de seu sistema de reuniões (caso contrário, apresentar as "regras do jogo" antes de iniciá-lo);

- garantir que a reunião não seja interrompida sem motivo urgente.

Como conduzir a reunião na relação com os participantes

O coordenador dá o "tom" da reunião: informal, formal, bem-humorada etc.

Após certificar-se de que todos sabem a pauta da reunião:
- ouvir com empatia (capacidade de escutar, independentemente de gostar ou não de quem fala);
- ficar atento às conversas paralelas, procurando canalizar as dispersões em prol da reunião;
- interferir ou solicitar que os participantes dividam essas informações em pequenos grupos, com o objetivo de realinhar a pauta – quando as trouxerem para o grupo, teremos a síntese dos subgrupos;
- procurar manter a pauta, mas usar o bom senso;
- ficar atento ao clima para melhor alcançar o objetivo da reunião;
- antes de encerrar a reunião, retomar com o grupo as decisões tomadas.

Durante as reuniões

Relação com o objetivo:
- não perder o foco;
- buscar resultados;
- realinhar os *gaps* entre a realidade e o desejado;
- lembrar que todos são co-responsáveis pela eficácia do processo.

Ao final do trabalho, cada participante deve ter mapeado as dificuldades dentro do contexto profissional e o estilo das pessoas com quem sente maior dificuldade em lidar e se comunicar.

Partilhando a teoria

Vivemos em um mundo cuja realidade por vezes é construída pela informação. O que sabemos sobre política, administração e cultura advém de informações. Elegemos especialistas para cada assunto. Acreditamos que a opinião destes constrói nossa dimensão cognitiva e mental, privando-nos de uma análise subjetiva, já que não temos o cabedal de conhecimento construído por eles. Claro que, em um mundo de vasto conhecimento técnico/intelectual, jamais daremos conta de conhecer tudo. Então, onde está o problema? Em basear nossas ações em pressupostos ou análises de um outro, e essas informações passarem a ser nossa única base de concretude para agilizar respostas para a vida.

Temos o exemplo de quanto os telejornais nos afetam nas tomadas de decisões. Vemos uma pesquisa médica que nos orienta a não comer tomate e, em seguida, outra pesquisa em que o tomate é o amigo número um da saúde; políticos da esquerda de repente são de direita; e assim por diante.

O dilema da metodologia psicodramática tem sido concatenar a prática e a reflexão sobre essa gama de informações. Como conduzimos nossas escolhas, a quem seguir, a quem escutar, como selecionar?

O ritmo acelerado do planeta impulsiona a aprendizagem cognitiva, os multipapéis, a multidisciplinaridade e a multinformação, fragmentando-nos ou nos levando pelas idéias dos outros, não permitindo que sejamos sujeitos da ação.

Então, nossas perguntas são:

- Como incorporar o mundo de informação e a concretude do eu?
- Como nos incorporar e relacionar nesta diversidade e complexidade?
- Como filtrar as informações e operacionalizá-las no cotidiano?

Essas perguntas auxiliam a reflexão sobre a comunicação que nos engrandece e a que nos empobrece como seres humanos.

Quanto tempo dedico às minhas prioridades?

Além do acúmulo de informações, temos os distúrbios na comunicação – que as dificuldades são encontradas diariamente nas relações pessoais e profissionais e interferem nos resultados. O mundo moderno ampliou nossa forma de nos comunicar, mas ainda encontramos diversas barreiras.

De Buber e Moreno, temos a visão do homem como um ser que se entrega nas relações ou não, percebendo o outro como outro ser ou como outra coisa. Quanto mais entra em sintonia com o outro, mais o encontro propicia momentos de prazer nas relações. Moreno desenvolve a teoria do encontro e fala em tele, uma forma de recepção, de comunicação entre as pessoas. Segundo esse autor, há formas de expressar a relação télica. Em seu teste sociométrico, Moreno utiliza atração, rejeição e indiferença, como já vimos em capítulo anterior.

Na visão de Moreno (1997, p. 286), "a transferência desempenha um papel definido, mas limitado nas relações interpessoais". Na sessão compartilhada neste capítulo, a transferência aparece quando as pessoas imaginam o que o outro está querendo dizer sem sintonizar no outro, apenas em julgamentos prévios anteriores. Na visão de Moreno (1997, p. 286), "um complexo de sentimentos que atrai uma pessoa para uma outra e que é provocado pelos atributos reais da outra – atributos individuais ou coletivos – tem o nome de tele-relação", o que não ocorreu nesse caso; os participantes apenas transferiram sentimentos próprios, sem sintonizar nos sentimentos do outro. Para Moreno (1993, p. 52), tele "repousa no sentimento e conhecimento da situação real das outras pessoas". Quando a rejeição é comum aos dois lados ou há indiferença, também existe tele, pois a relação e o entendimento são comuns e, nesse caso, a comunicação fica clara.

A coesão do grupo se define como uma função da tele-estrutura. A objetividade da tele-estrutura é demonstrada com o sociograma. Moreno (1966, p. 50) diferencia ainda a sociometria perceptual, quando o indivíduo levanta suas percepções sociais (chamadas por ele de sociograma introvertido), e o teste sociométrico, quando o indivíduo vê a dinâmica das escolhas no grupo (sociograma extrovertido).

Buber descreve a dualidade de se relacionar com o tu ou com o Isso, das relações "eu–tu" e "eu–isso". No universo profissional e social, a relação predominante é a relação eu–isso, e não é possível que seja diferente. Mas na relação eu–isso o todo não é reconhecido; as partes são percebidas, mas não se entra em contato com o todo do indivíduo. Entrar em contato com o todo é, antes de tudo, entrar em contato com o verdadeiro tu das pessoas, é reconhecê-las e se integrar a elas. A empresa que consegue manter um contato entre as partes se comunica não somente pelo verbal, mas evolui como um todo, atingindo maior desenvolvimento e alcançando seus objetivos.

Sempre temos no mínimo duas opções: *integrar* ou *dualizar*. A sociedade cartesiana dualizou o pensar e atualmente buscamos a mudança para uma sociedade capaz de integrar as várias faces culturais, políticas, econômicas etc. Durante as várias transformações históricas pelas quais passou a sociedade, sempre houve uma busca de integração: acreditávamos que apenas na união conseguiríamos nos manter e melhorar nossa qualidade de vida. No entanto, parte das pessoas busca o lucro individual. A sociedade contemporânea incentiva essa individualização, ao mesmo tempo que busca o fortalecimento do coletivo para sua própria sobrevivência.

Fleury (2006) defende a importância do compartilhamento na sessão psicodramática, o que possibilita ao grupo elaborar a experiência vivida. Destaca o quanto depende da atuação do diretor incentivar essa elaboração. Foi esse partilhar do grupo que possibilitou o entendimento de outros valores e a visão das formas propostas por Moreno sobre se sentir atraído, rejeitado ou indiferente em relação ao outro, ao mundo e ao trabalho. Com a internet, por exemplo, a tele-relação fica prejudicada – o número de elementos para a leitura é menor e a identificação com o tu fica escondida atrás da máquina –, mas devemos continuar a buscar a tele (e não a transferência dos nossos valores, coisificando o outro).

Todo trabalho desenvolvido com enfoque psicodramático valoriza as relações télicas, em oposição ao incentivo que a sociedade dá às relações individualizadas e com os objetos, sendo nosso objetivo o encontro entre as pessoas como forma de se desenvolverem e se comunicarem no mundo com maior facilidade e felicidade.

Hoje se fala muito em *alteridade*. O que é a alteridade senão a antiga proposta de entender o outro, inverter papéis e aceitá-lo em suas semelhanças e diferenças?

É inviável pensar em inverter papéis com o outro e entrar em tele o tempo todo, mas é preciso entender que o outro é único, e que cada outro é único. Perceber o momento e a fala mais adequados, entrar em sintonia com o outro e com o momento – é o que se pretende desenvolver durante os trabalhos de psicodrama. Não trabalhamos o conceito de tele com os participantes, mas necessitamos, como diretores, da crença e internalização desse conceito, de forma a ampliar nossa visão e facilitar a comunicação nas empresas ou nos grupos que desenvolvemos.

Sempre que um diretor psicodramático e seus egos assumem um grupo, seu pensamento e sua energia devem estar voltados para esse grupo. Na visão de Moreno, "o fator decisivo para o progresso terapêutico é a tele", que estimula a capacidade da unidade funcional de sintonizar-se nas pessoas, buscando inverter papéis, transformando e ajudando o grupo na busca de novas saídas. Se o objetivo é o verdadeiro encontro entre duas pessoas ou mais, só quando há real disponibilidade para ir ao encontro, quando escolhemos um trabalho que de fato desejamos realizar e nos abrimos para o grupo, na aceitação e no reconhecimento deste, é que deixamos acontecer o psicodrama (transformando o indivíduo, colocando seu eu *na* ação) e o sociodrama (colocando um na ação *com* o outro).

11
Trabalhando a sinergia entre as áreas

> "Compreender que há outros pontos de vista
> é o início da sabedoria."
> (Charles Campbell)

Aquecimento

O momento mágico de percepção da atuação para facilitadores e participantes de um processo de desenvolvimento sinérgico se dá no palco psicodramático; resguardando o papel individual e salientando o profissional, cada um experimenta novos papéis, inverte com outros participantes e retorna ao seu carregado de novas experiências. Esta é a grandeza do psicodrama: podemos fazer um rápido *job rotation* e facilitar o trabalho em equipe, pois cada um percebe as facilidades e dificuldades dos outros e de si próprio. Como diria José Carlos Bisconcini Gama em suas aulas, "o psicodrama é um laboratório sem riscos, em que o único risco é o de crescer".

No exemplo que descreveremos a seguir, o objetivo principal da empresa era predispor representantes de diversos setores para juntos se prepararem para uma renovação. Portanto, nosso objetivo foi que a equipe se conhecesse melhor e reconhecesse o grupo ao qual pertence, observando-se em um trabalho de equipe, reconhecendo sua parte na empresa como um todo e facilitando a execução de novas atividades em equipe. O eixo central era o poder de decisão, já que estávamos trabalhando com gestores. A capacidade de decidir sobre alguma coisa é vital, pois uma pessoa que não consegue decidir precisa depender de uma situação ou de alguém. Assim, decidir é o alicerce para a criatividade gerencial, para o empreendedorismo e a ampliação da visão sobre a gestão de processos.

Quando um gestor mantém o poder pela coerção, infantiliza as pessoas, que não têm autonomia. O mercado cada vez mais competitivo, no qual a pressão é constante, precisa de algumas atitudes que facilitem à equipe passar por "mares revoltos". Como bom comandante, o líder não pode ser como a tripulação; necessita de uma visão mais ampla que a de seus funcionários, mas estes podem e devem ajudá-lo na montagem do mapa estratégico, facilitando as tomadas de decisão.

As empresas modernas buscam coerência com aquilo que pregam, pois ações fundadas na cultura da empresa auxiliam na conquista da confiança dos colaboradores, para que estes pratiquem a autoliderança ou automotivação. O respeito próprio, a coerência entre o que se fala e o que se faz, unidos à seriedade e ao respeito pelos outros, são valores importantes a ser praticados.

A amizade e o bom humor no relacionamento entre líder e liderados também são importantes, mas a justiça nas tomadas de decisão é o que cunha o líder como uma "moeda forte" nas empresas. Lembramos também que a ética deve nortear qualquer trabalho. Ética tem que ver com a liderança pelo exemplo, com honestidade e integridade, quando mostramos e validamos nossas palavras e ações. Com performance e realização, demonstramos direcionamento, energia e comprometimento.

Trabalhamos para atingir os objetivos da empresa. Assim, a inovação constantemente necessária é pensada sempre adiante, mas de forma prática. Valorizamos as mudanças, mas com disciplina, pois as decisões devem ser baseadas no objetivo do negócio, que segue normas e procedimentos.

A próxima vivência retrata um trabalho intenso para conseguir, com respeito ético pelas diferenças, melhor entrosamento entre todos, aproximando complementaridades.

Relato de experiência – Sinergia

Objetivo: sinergia entre áreas.
Público-alvo: gestores de diversas áreas de empresa de médio porte.
Número de participantes: 18.

> ATIVIDADE
>
> **1ª atividade:** aquecimento inespecífico.
> **Objetivo:** reconhecimento do grupo.
> **Tarefa:** etiqueta com nome do participante e apresentação do seu trabalho na empresa.
> **Análise do processo:** era um grupo bem heterogêneo, pois os diversos departamentos e setores são diferenciados.
> Iniciamos com um trabalho de aquecimento, partindo do individual para o grupal. Facilitamos a fim de que cada participante se colocasse como se vê, apresentando-se para o grupo.

> ATIVIDADE
>
> **2ª atividade:** aquecimento específico.
> **Objetivo:** reconhecer-se nas inter-relações pessoais/profissionais.
> **Tarefa:** relaxamento para facilitar ao participante se imaginar como um elemento da natureza. Em seguida, deveria ser confeccionado um mapa dos elementos.
> **Análise do processo:** o grupo percebeu o quanto cada um se mostra por meio do simbólico e fez paralelos entre proximidade e distância no mapa com o cotidiano profissional.
> **Compartilhamento:** muitas leituras são feitas à medida que os participantes se colocam e comentam o porquê de sua escolha. Surgem

elementos repetidos, mas que costumam se complementar. Chamou-nos a atenção a importância dada aos quatro principais elementos: água, terra, fogo e ar.

Os participantes compararam o equilíbrio entre os elementos com a diversidade dos vários setores, pois estes necessitam contribuir com a complementaridade e a diversidade da empresa.

Atividade

3ª atividade: jogo.
Objetivo: mobilizar saídas estratégicas.
Tarefa: leitura de texto.

"Paradoxo do nosso tempo" (George Carlin)
Hoje temos edifícios mais altos, mas pavios mais curtos.
Auto-estradas mais largas, mas pontos de vista mais estreitos.
Gastamos mais, mas temos menos.
Nós compramos mais, mas desfrutamos menos.
Temos casas maiores e famílias menores.
Mais conhecimento e menos poder de julgamento.
Mais medicina, mas menos saúde.
Bebemos demais, fumamos demais, gastamos de forma perdulária, rimos de menos, dirigimos rápido demais, nos irritamos facilmente.
Ficamos acordados até tarde, acordamos cansados demais...
Multiplicamos nossas posses, mas reduzimos nossos valores.
Falamos demais, amamos raramente e odiamos com muita freqüência.
Aprendemos como ganhar a vida, mas não vivemos essa vida.
Fizemos coisas maiores, mas não coisas melhores.
Limpamos o ar, mas poluímos a alma.
Escrevemos mais, mas aprendemos menos.
Planejamos mais, mas realizamos menos.

> *Aprendemos a correr contra o tempo, mas não a esperar com paciência.*
> *Temos maiores rendimentos, mas menor padrão moral.*
> *Tivemos avanços na quantidade, mas não em qualidade.*
> *Estes são tempos de refeições rápidas e digestão lenta, de homens altos e caráter baixo, lucros expressivos, mas relacionamentos rasos. Mais lazer, mas menos diversão. Maior variedade de tipos de comida, mas menos nutrição.*
> *São dias de viagens rápidas, fraldas descartáveis e moralidade também descartável e pílulas que fazem de tudo: alegrar, aquietar, matar.*
>
> Fonte: <www.pensador.info/autor/George_Carlin>.

Em dois grupos, buscar saídas para a situação descrita nesse texto, utilizando sucata e trabalhando em equipe.

Análise do processo: a leitura da atividade foi feita com base nas seguintes questões: como eu trabalho em equipe? Como eu me sinto? Quais as outras possibilidades de trabalho? Surgiram diversas inquietações.

Compartilhamento: a equipe se mostrou ansiosa e apresentou conflitos. Estes representam o cotidiano, em que cada setor reage com características e objetivos próprios e as pessoas muitas vezes não conseguem inverter papéis com o outro para entender o ponto de vista deste. Esse é o ponto principal a ser trabalhado em qualquer equipe. Em um grupo as diferenças afastam, mas em uma equipe elas devem ser complementares.

Foram feitas leituras de como cada um se coloca e do que facilita ou dificulta a realização dos objetivos. Durante a discussão, houve um confronto entre um gerente de qualidade e um de produção. Na atividade de busca de saídas para o texto, diante da consigna de tempo determinado, o gerente de produção iniciou o trabalho sem o consenso do grupo e encontrou maior resistência no gerente de qualidade, que se indispôs e acabou não participando. Durante o compartilhamento houve novo confronto, pois cada um justificou sua atitude e tanto a direção como o grupo comentaram o ocorrido. Esse foi um ponto emergente que precisou ser trabalhado.

Joceli Drummond | Andréa Claudia de Souza

> ATIVIDADE
>
> **4ª atividade:** jogo.
>
> **Objetivo:** refletir com o grupo sobre o conceito de empresa como um todo e sobre a forma possível de uns se relacionarem com os outros.
>
> **Tarefa:** por meio de relaxamento, imaginar a empresa como um corpo humano. Que órgão ou célula eu represento na empresa? Confeccionar o corpo e complementá-lo com os órgãos.
>
> **Análise do processo:** sociograma por meio dos órgãos representados; verificação de quantos foram abordados e por quê. Trabalhamos, então, a analogia entre o representado e o real.
>
> **Compartilhamento:** nesse momento, apareceram muitos departamentos que se identificavam com a "cabeça" da empresa, e os participantes perceberam a falta de um órgão vital para oxigenar a empresa, o "pulmão". Comentaram então sobre o desgaste da própria empresa para se manter no mercado com a competição cada vez mais acirrada.
>
> Com base na importância e na complexidade de cada órgão, os participantes puderam explicitar suas próprias funções e a dinâmica da empresa. Com essa atividade, os participantes, em campo relaxado, perceberam o funcionamento e tiveram a idéia da visão sistêmica das funções. Os dois gerentes que haviam se confrontado puderam se entender e inverter papéis, percebendo as razões um do outro. Alguém que trabalha na produção precisa executar tarefas rapidamente, sem perder tempo ou mesmo ouvir os demais: é preciso decisão e ação. No departamento de qualidade, essa exigência é inversa: tudo deve ser pensado, repensado, partilhado e decidido, e a falta de tempo não justifica o erro. Quando os dois conseguem inverter papéis, entendendo um ao outro, percebem a importância de se ajustarem ao trabalhar com outras equipes, bem como a importância do seu próprio trabalho, de suas características pessoais e das características de seu grupo.

> ### ATIVIDADE
>
> **5ª atividade:** inversão de papéis.
>
> **Objetivo**: inverter os papéis com a visão das distintas áreas e mobilizar plano de ação exeqüível para aquela empresa.
>
> **Tarefa**: simular uma reunião entre as áreas envolvidas no treinamento. Os representantes de uma área entravam no papel de outra, invertendo os papéis.
>
> Primeira pergunta: quais as *minhas* dificuldades para alcançar *minhas* metas, lembrando que o trabalho de uma área afeta a outra?
>
> Segunda pergunta: como posso auxiliar as outras áreas?
>
> **Compartilhamento**: os participantes trouxeram a dificuldade de entrar no papel do outro, principalmente na segunda pergunta, que ao mesmo tempo necessitava fazer uma análise crítica com o olhar externo e apresentar soluções na inversão de papéis com a realidade do cotidiano conhecida.

Após a dinâmica, foi realizada uma avaliação para viabilizar e priorizar as ações levantadas para a melhoria.

> ### ATIVIDADE
>
> **6ª atividade:** encerramento. Sociometria das relações.
>
> **Objetivo:** contribuir para concretizar as ações propostas por meio do *feedback* orientado.
>
> **Tarefa:** utilizar balas como objeto intermediário (bala amarela para agradecer, bala vermelha para pedir desculpas e bala verde para pedir a parceria de alguém).
>
> **Análise de processo:** os participantes aproveitaram para clarear algumas situações. Em geral começaram devagar, e alguns sentiram dificuldade para falar sério; procuraram vencer a própria timidez

> com brincadeiras, mas quando receberam as balas acabaram por interagir com o grupo e aproveitar.
> **Compartilhamento:** para alguns o difícil é pedir desculpas, enquanto para outros a dificuldade está em pedir parcerias. Dificilmente alguém comenta que é difícil agradecer, mas é fácil perceber os mais resistentes. Estes três quesitos, agradecer, pedir desculpas e parcerias, devem ser valorizados e implementados no dia-a-dia.

Análise do processo geral

A visão das partes é importante para o entendimento do todo. Acreditamos que a integração tenha sido alcançada, mas esse foi apenas o início, um laboratório no qual as pessoas puderam pensar melhor sobre comportamentos e atitudes. Mas, no momento em que a exigência do resultado estiver em jogo, esses conflitos devem aparecer e podem ser trabalhados no contexto. Ao final do trabalho, levantamos ações para potencializar e concretizar a sinergia (ver capítulo 13).

Após o trabalho, foi realizada uma devolutiva para a direção da empresa. Orientamos a respeito do que facilitaria a coesão do grupo e ajudaria na busca de autonomia para realização das propostas.

Como é freqüente nas empresas, essa demonstrou ser tecnicamente eficaz e com bom potencial de ambiente afetivo, precisando somente conhecer melhor o processo de integração entre seus departamentos.

Embasamento teórico

Moreno, Wilhelm Green e Carl Colbert descobriram, em 1913, que um indivíduo pode se tornar auxiliar terapêutico para outro. No início, o psicodrama é um método diferenciado para tratar neuroses e psicoses, valendo-se da análise dos problemas representados pelo grupo. Podemos considerar o psicodrama precursor da psicoterapia de grupo, ou mesmo o primeiro método de psicoterapia de grupo, já que a própria expressão "psicoterapia de grupo" foi inventada por Moreno num grupo de médicos, em Toronto, em 1931. Entre os cinqüenta psiquiatras presentes nessa reunião, estavam W. A. White, F. Alexandre e Hellen Potter. Depois das reuniões se deu o desenvolvimento de métodos diversos de psicoterapia de grupo. Após tantos anos usando diferentes métodos, grande parte dos psicoterapeutas de grupo ainda está descobrindo o psicodrama; e aqueles que o descobrem acabam percebendo que ele é mais vivo e eficiente do que os debates de grupo. Há grandes diferenças entre as psicoterapias de grupo, o psicodrama e o sociodrama.

Após levantar a importância da teoria dos papéis, complementada com a teoria de clusters, é preciso olhar melhor para a que é talvez a mais importante das idéias de Moreno, a *sociometria*. Moreno, por causa de sua cidadania, não fôra convocado para a guerra, mas por volta de 1915 trabalhou em dois campos de refugiados, na Áustria e na Hungria. No campo austríaco, os refugiados eram colocados em barracas conforme a ordem de chegada, o que, segundo a visão de Moreno, dificultava o bom relacionamento entre eles. Sua proposta foi realocá-los conforme suas afinidades, o que causou uma nítida mudança de relacionamentos entre os pares afins. Segundo Marineau, esse pode ser visto como um prelúdio ao desenvolvimento da sociometria, que se desenvolveria em 1930, já nos Estados Unidos. Marineau comenta: "Moreno estava apresentando pela primeira vez sua capacidade de observar grandes grupos e de sugerir remédios para problemas sociais num nível micro", e nesse processo foi auxiliado pelo psicólogo Bennizone (Marineau, 1992). É também nesse contexto que Moreno, confrontado com a miséria e o sofrimento, delineia seus projetos como sociodramatista (Marineau, 1992).

Precursor das terapias em grupo e de uma visão sistêmica, Moreno trata da importância fundamental das relações entre as pessoas, dos vínculos formados entre duas pessoas e de sua extensão, formando redes de relações simultâneas, provocando sentimentos e forçando escolhas em todos os níveis, mesmo que elas não sejam colocadas na ação.

A sociometria força os membros do grupo a lidar com a realidade de suas escolhas, quaisquer que sejam. Moreno trabalhou em diversos grupos, utilizando testes sociométricos e incentivando a conscientização das escolhas individuais e grupais. Marineau comenta o livro *Quem sobreviverá?* como o monumento de Moreno à sociometria, "cujo alvo é o estudo matemático das propriedades psicológicas de uma população através da análise quantitativa e qualitativa" (Marineau, 1992). Por meio de uma visão sociométrica, trabalhamos nas organizações visando ao desenvolvimento dos papéis profissionais. Assim como Moreno, primamos pela reflexão profunda de escolhas e posicionamentos.

Segundo Blomkvist, os estudos sociométricos demonstraram que o *status* de um indivíduo no grupo pode ter menos relação com a personalidade do que com o grau de aceitação e respeito mútuos. É a mutualidade de escolhas positivas que contribui para a coesão grupal e a eficiência do grupo, e isso é significativamente mais bem construído quando se permite que as pessoas expressem e ajam de acordo com suas escolhas" (Moreno *et al.*, 2001, p. 137-8).

A definição de sinergia é "ação simultânea de diversos órgãos ou músculos na realização de uma função" (dicionário *Michaellis*, 2005). Esse foi o trabalho desenvolvido. Usando um jogo simbólico, ficou fácil perceber o que ocorria na empresa. Tanto no desenvolvimento da primeira atividade, buscando soluções rápidas para um "problema", como na associação direta da empresa com o corpo humano, os participantes perceberam as correlações e o posicionamento individual e grupal na empresa.

Moreno, em seu método, solicita e propicia a participação ativa de todos, e a percepção dessa participação ou não. No papel sociodramático, os participantes desmistificam ou fortalecem conceitos relacionados ao grupo, à sua área e à própria cultura da empresa. Reconhecem-se como membros de um grupo, visualizando seu papel pessoal, diferenciado do resto do grupo.

Na empresa nem sempre é possível uma escolha individual, de com que ou com quem trabalhar, mas é permitida a escolha de se adequar ao proposto ou não. É a essa escolha que chamamos corresponsabilidade, necessária ao bom desempenho de uma proposta de trabalho.

De acordo com Moreno (1997, p. 411), o sociodrama é "um método de ação profunda, relativo às relações intergrupais e às ideologias coletivas".

> O procedimento no desenvolvimento de um sociodrama difere, em muitos aspectos, do procedimento que se descreveu como psicodramático. Numa sessão psicodramática, a atenção do diretor e de sua equipe concentra-se no indivíduo e em seus problemas privados. Na medida em que estes vão se desenrolando diante de um grupo, os espectadores são afetados pelos atos psicodramáticos na proporção das afinidades existentes entre os seus próprios contextos de papéis e o contexto do papel do sujeito central. Mesmo a chamada abordagem grupal no psicodrama é, num sentido mais profundo, centrada no indivíduo. O público é organizado de acordo com uma síndrome mental que todos os indivíduos participantes têm em comum; e o propósito do diretor é alcançar cada indivíduo em sua própria esfera, separado dos outros. Ele está usando a abordagem de grupo apenas para atingir terapeuticamente mais de um indivíduo na mesma sessão. A abordagem grupal no psicodrama interessa-se por um grupo de indivíduos privados, o que, num certo sentido, torna o próprio grupo privado. O planejamento e organização cuidadosos do público são indispensáveis neste caso, pois não existe qualquer sinal externo indicativo de que o indivíduo sofre da mesma síndrome mental e pode compartilhar da mesma situação de tratamento. Por conseguinte, há um limite até onde o método psicodramático pode ir na busca de fatos e na resolução de conflitos interpessoais. As causas coletivas não podem ser tratadas exceto em sua forma subjetivada. (Moreno, 1993, p. 143)

Podemos, assim como Moreno, perceber em nosso trabalho que muitas vezes nos conflitos individuais estão envolvidos fatores coletivos. Portanto, faz-se necessária uma forma especial de psicodrama que projete seu foco sobre os fatores coletivos. Assim nasceu o sociodrama.

> O verdadeiro sujeito de um sociodrama é o grupo. É o grupo, como um todo, que tem de ser colocado no palco para resolver os seus problemas, porque o grupo, no sociodrama, corresponde ao indivíduo no psicodrama. Mas como o grupo é apenas uma metáfora e não existe *per se*, o seu conteúdo real são as pessoas inter-relacionadas que o compõem, não como indivíduos privados, mas como representantes da mesma cultura. (Moreno, 1993, p. 143)

O foco do interesse e da análise está no grupo. Tal como no psicodrama, representam-se papéis numa cena; no entanto, esses papéis são inerentes à cultura do grupo sociodramático. Em vez de o pai, a mãe, determinado filho ou irmão, no sociodrama é representado o pai gaúcho, a mãe da sociedade tradicional mineira, o imigrante italiano ou ainda o pau-de-arara nordestino.

O sociodrama permite não somente a catarse coletiva de problemas sociais, como também uma análise ciosa das origens profundas de tensões e conflitos intergrupais.

Existem várias formas de sociodrama, as quais passamos a descrever:

- *Role-playing*: são representados diferentes papéis sociais. A representação é posteriormente analisada e discutida pelos membros do grupo. Grande parte das técnicas de psicodrama é usada no *role-playing*, e nas empresas o utilizamos durante todo o trabalho em diversas ocasiões.

- Etnodrama: representação e análise de problemas de relações raciais ou culturais. Moreno teve a oportunidade de tratar das relações entre brancos e negros nos Estados Unidos pouco depois de acontecerem conflitos no Harlem. Várias cenas e papéis foram representados em que um protagonista negro encontrava dificuldades nas relações pessoais, sociais e profissionais.

- Axiodrama: permite estudar e analisar os valores próprios a cada papel social e a cada cultura. É um sociodrama em que são evidenciados esses valores e sua atuação no comportamento próprio a cada papel social. Podem também ser evidenciados conflitos de valores, como o do empresário que precisa ter lucro à custa do funcionário, mesmo que haja amizade entre eles (amizade *versus* lucro). Cada um desses valores pode ser objeto de representação dramática própria.

- Jornal vivo ou sociodramático: reprodução, no palco, de acontecimentos recentes. É um jornal vivo que Moreno iniciou no seu Stegreiftheater de Viena, retomando a idéia no Guild Theater, nos Estados Unidos, em 1931. O próprio jornal da empresa pode ser utilizado e dramatizado, esclarecendo posições e atualizando sentimentos em relação à empresa.

- Tribunal do júri: interessante técnica de aquecimento de um auditório, visando a tratar de algum problema social. Constitui-se um tribunal, com juiz, advogado de tribunal público, advogado de defesa e júri. Uma variante dessa técnica consiste em escolher três advogados de defesa, deixando depois o próprio grupo se manifestar e debater como se fosse o júri. Pode ser aproveitado com sucesso quando o grupo está dividido em relação a determinada questão.

- Painel do grupo de discussão: alguns membros do grupo se reúnem e discutem um assunto perante o resto do grupo. Há situações que são esclarecidas ao serem colocadas à distância; o grupo que assiste ao painel pode visualizar de fora e clarear pontos de vista.

- Sociometria em grupo: a fim de estudar a estrutura social de um grupo psicodramático ou sociodramático, pode-se pedir ao próprio grupo, em várias fases da sua evolução, que elabore seu próprio sociograma e o analise, assim como às motivações que determinam escolhas ou rejeições.

- Filme sociodramático e televisão: excelentes meios de atingir comunidades ou nações inteiras, tratando dos seus problemas sociais e culturais. Podem chegar a ser feitos verdadeiros tratamentos socioanalíticos de nações inteiras ou mesmo internacionais. Moreno tem uma antevisão nítida da função da TV como meio de terapia coletiva. Utilizamos filmes como aquecimento para determinados temas e, apesar de serem menos utilizadas, as técnicas de autoscopia (assistir ao próprio filme) são ferramentas preciosas que possibilitam *insights* e catarses de altíssimo grau. São menos utilizadas exatamente por seu poder e pelo cuidado com que devem ser tratadas.

12
Gerenciamento das diferenças

"O papel do líder é extremamente exigente. Exercer influência sobre os outros, que é a verdadeira liderança, está disponível para todos, mas requer uma enorme doação pessoal.
Você gerencia coisas e lidera pessoas."
(James Hunter)

O gerente moderno sabe que é importante conhecer sua equipe, e isso implica reconhecer as distintas personalidades e a melhor forma de atuar com cada uma delas para potencializar suas competências e suavizar as relações dentro da empresa. A psicologia nos auxilia com o estudo das personalidades e características.

O psicodrama aborda as diferenças não como patologias (algo a ser curado), mas como uma estrutura que pode ser usada de forma positiva. Da mesma maneira que na atual psicologia da saúde, é buscada a melhora da qualidade de vida, e não apenas a explicação das doenças.

Por exemplo, Steven Spielberg, cineasta americano que usa seus "delírios" para fazer filmes de ficção, sabe utilizar de forma saudável o que poderia ser considerado, fora do contexto, um desvio patológico. Reconhecer características de personalidade das pessoas com as quais trabalhamos facilita a convivência e o manejo de diversas situações relacionais.

O líder precisa refletir sobre qualidades e habilidades da equipe para fazer a diferença no processo, estimular a motivação, o envolvimento e o comprometimento das pessoas. Com base na conscientização de que cada profissional é um ser humano com facilidades e dificuldades inerentes à "persona", o desafio dos profissionais é desenvolver o potencial de cada um.

Lembramos que as teorias organizacionais definem equipe como "nós", mas essa é uma palavra quase abstrata, pois não personaliza. Quem é o *nós* senão um somatório de *eus*? Podemos distinguir e designar esse *eu* em grupo. É muito comum ouvirmos: "Nesta empresa não se escuta, nós dissemos que planejaríamos mas..." Quando tentamos individualizar, é comum ouvir "eu faço, os outros é que não fazem".

Assim, propomos neste capítulo o entendimento da psicopatologia com enfoque moreniano.

Relato de experiência – Administrando as diferenças

Objetivo: administração de diferenças.
Público-alvo: líderes de diversas áreas de empresa de grande porte.
Número de participantes: 13.

ATIVIDADE

1ª atividade: aquecimento inespecífico.
Objetivo: levantar as atitudes valorizadas pelo grupo.
Tarefa: escutar a música "Dias melhores virão" (Skank). Após a audição, cada participante escreveu no *flip chart* o que acreditava ser necessário para ter um bom dia.
Exemplos: otimismo, paciência, respeito, humildade etc.
No compartilhamento foi discutida a seguinte questão: o que quero para mim, o que quero para o outro e o que a empresa espera da equipe.

Atividade

2ª atividade: poesia de Tomás Antônio Gonzaga.

Tarefa: leitura e escolha de uma palavra e construção de uma história para representar o grupo que está iniciando o trabalho. (As palavras em itálico foram escolhidas pelo grupo.)

> O ser herói, não *consiste*
> Em *queimar os impérios*:
> Move a guerra,
> Espalha o *sangue humano*,
> E despovoa a terra.
> E também o mal *tirano*,
> Consiste o ser *herói* em viver justo:
> E tanto pode ser herói o *pobre*
> Como o maior augusto.

A história criada foi:

"O herói-líder tirano queima o império organizacional.

Pobre líder, pois esquece que seu sangue humano também será derramado se a empresa falir.

O herói-líder democrático escuta a equipe, interage com ela e lidera com sabedoria.

Atravessa os mares e conquista novas terras."

Compartilhamento: alguns participantes acharam a poesia pueril a princípio, outros gostaram por ter sido criada de maneira rápida e divertida. Todos fizeram uma reflexão sobre o que era ser líder naquela empresa.

> ATIVIDADE
>
> **3ª atividade:** heranças.
> **Objetivo:** conhecer-se melhor.
> **Tarefa:** o participante deveria traçar o perfil de seu pai, de sua mãe e de duas pessoas que admirava quando pequeno. Apontaria, então, o que herdou dessas características.
> **Compartilhamento:** todos os participantes demonstraram surpresa com alguns fatos. Lembramos que nenhuma herança é boa ou ruim, tudo depende da forma e do momento em que é utilizada. O que mais nos chamou a atenção nesse grupo foi a valorização das heranças, pois elas não eram invalidadas.

> ATIVIDADE
>
> **4ª atividade:** jogo.
> Com base na explicação teórica e no gráfico inspirado na psicopatologia da matriz de identidade e na formação do núcleo do eu, de Rojas Bermudez.
>
> (Mente | Corpo / Ambiente)
>
> *Mente*: processo de pensar, elaborar, deduzir; comparando com a empresa, é o planejamento estratégico e o estudo do mercado.

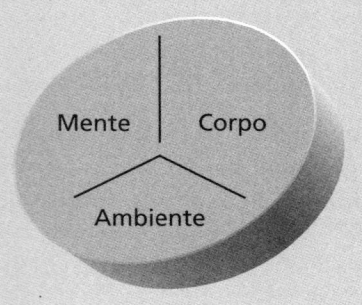

Corpo: responsável pelo processo de sentir, pelas emoções e sensações; na empresa são os funcionários, o clima organizacional e o *layout*.

Ambiente: responsável pelo processo de perceber a si e ao mundo; na empresa, representa as estratégias, o processo e o procedimento.

Com base no comparativo com a empresa e nas características individuais, dividimos os participantes em três subgrupos.

Tarefa: com a utilização do objeto intermediário (quadros famosos), pedimos que cada subgrupo representasse as áreas da empresa (corpo, mente e ambiente) e escolhesse um quadro que as concretizasse.

Uma das cenas escolhidas e vivenciada de forma mais intensa foi *A última ceia*, de Leonardo da Vinci, e o grupo trouxe a estratégia escondida por trás da cena, representando a traição, a negação de Jesus. Referendando o cotidiano, falaram sobre as reuniões semanais em que eram discutidas ações e estratégias com as quais todos concordavam a princípio e após uma semana, quando cobrados, diziam não haver feito nada por causa do tempo escasso ou outras desculpas e deixando um sentimento de traição nos que executaram o plano de ação proposto. Referendaram Judas, pois há traição no não-cumprimento das propostas planejadas.

Outra pintura que gerou história foi a de Velásquez, *Dom João Pequeno*, com a discussão girando em torno do plano de Bonaparte invadir Portugal e da fuga de Dom João para o Brasil. Isso foi relacionado com os planos da empresa que, caminhando em um sentido, necessita mudar de rumo de acordo com o mercado; também foi abordada a dificuldade de trabalhar a resistência de alguns com relação a essas mudanças.

Compartilhamento: a surpresa de que uma atividade aparentemente desconectada com a realidade empresarial (quadros famosos) pudesse propiciar uma reflexão sistêmica foi grande.

> Nesse momento, os participantes começaram a diagnosticar determinados comportamentos e a falta de regras/limites bem estabelecidos para a concretização das metas. Foram discutidos normas e valores estipulados por todos para gerenciar as diferenças.
>
> Após alguns outros jogos que facilitavam a percepção da magnitude do somatório das diferenças individuais, seguimos com uma reflexão teórica.
>
> **Reflexão teórica:** diante das vivências anteriores, discutiu-se a psicopatologia e as formas de lidar com ela.
>
> **Finalização:** pedimos um plano individual de melhoria de conhecimentos, habilidades e atitudes, além de uma avaliação da empresa como um todo. Acompanhamos o plano geral para essas melhorias.

Uma visão geral das psicopatologias

Segundo a teoria da programação cenestésica de Dias (1987) – desenvolvida com base nos estudos inicias de Moreno –, o reconhecimento parcial, a construção da identidade corporal que se inicia logo após o nascimento, por meio das sensações provocadas pelas primeiras experiências psicossomáticas (como amamentação, defecação e micção) produz diferentes aprendizagens, e a evolução do psiquismo ocorre nos três primeiros anos de vida, constituindo-se didaticamente de três fases e configurando três modelos psicológicos.

A primeira fase é a do *ingeridor* (o principal acontecimento é a amamentação); a segunda fase é a do *elaborador* (controle dos esfíncteres); e a terceira fase é a do *urinador* (controle da micção) (ver quadro 2).

Quadro 2 – Relações entre o estágio e a forma de atuação do indivíduo (Dias, 1987)

Estágio	Idade	Principal atividade	Forma de atuação
Ingeridor	0 a 3 meses	Amamentação	Relacionamento com o corpo.
Elaborador	3 a 9 meses	Defecação	Relacionamento com o ambiente.
Urinador	9 meses a 2 anos	Micção	Relacionamento com o mundo mental.

Segundo Dias, a importância está no estabelecimento ou não de uma percepção interna correta do corpo, um ambiente externo e um controle mental.

A má estruturação do modelo de ingeridor vai produzir alterações nas vivências corporais, levando à somatização e aos distúrbios da satisfação e da incorporação dos conteúdos externos para o meio interno. Assim, na empresa, quando há falta de alimentação, ou seja, ganhos (financeiros ou pessoais), o clima organizacional é afetado e a satisfação diminui.

No modelo de elaborador, a alteração se dá na capacidade de criar, elaborar, expressar e comunicar conteúdos internos para o meio externo. Na empresa, quando a elaboração do planejamento é malfeita, a comunicação fica truncada e cada um segue um caminho.

O modelo de urinador afeta o mecanismo de planejamento, decisão e execução de atos no ambiente externo. Na empresa, surgem os problemas nos processos e procedimentos.

Todos os seres humanos apresentam um desses modelos mais bem elaborado e outro em que tem maior dificuldade.

Resultados apresentados pelos indivíduos nos papéis profissionais

Se fizéssemos uma metáfora com o arco-íris, as pessoas se comportariam de maneiras diversas. O ingeridor diria: "Precisamos de um arco-íris". O elaborador diria: "No fim do arco-íris há um pote de ouro, e temos de pensar em como chegar a ele". O urinador diria: "A estratégia para alcançar isso é..."

Quando o modelo de ingeridor tiver um desenvolvimento adequado e saudável, teremos o indivíduo proativo, que produz com vivacidade e é corporalmente ativo, sente-se aceito e incorpora bem os conteúdos externos em seu meio interno. É um estimulador do desenvolvimento de equipe.

Os indivíduos que desenvolveram bem o modelo de elaborador são aqueles com capacidade de criar, elaborar, expressar e comunicar conteúdos internos para o meio externo, fazendo excelentes planejamentos.

Os de modelo de urinador saudáveis são os que melhor desenvolvem processos para alcançar os objetivos e estratégias para o planejamento, com capacidade de decisão e execução de atos no ambiente externo.

Quando esses modelos apresentam restrições em seu desenvolvimento, geram indivíduos com dificuldades nos papéis sociais, como o profissional. Tais dificuldades aparecem em trabalhos em equipe, planejamento, execução, criação, elaboração etc. Podem tender a ter restrições com atividades em que alcancem melhor desempenho.

Todos temos um modelo mais ou menos desenvolvido, e nosso objetivo é sempre aprimorar e vencer obstáculos que impeçam a desenvoltura desses papéis. Como trabalhar com cada tipo específico de estrutura psicopatológica? Com os ingeridores, é preciso estar sempre pronto a agir; são ativos, mas se não estão bem equilibrados tendem a agir sem pensar, e é preciso dar continência e demarcar limites, ajudando-os a se conterem em suas ações, promovendo seu lado elaborador e urinador na busca desse equilíbrio.

Os elaboradores tendem a pensar demais e criam, mas se perdem nas idéias sem ação. É preciso dar espaço para a criação, mas cobrar os resultados. Assim, tornam-se excelentes empreendedores.

Os urinadores acreditam em si e são bons estrategistas, mas se perdem em muitos caminhos e alternativas precisam de prazos para a conclusão.

Todas as pessoas têm uma dificuldade de desenvolvimento afetivo na sua matriz de identidade, formada ainda na infância, que deixa resquícios nesses papéis psicológicos. Seus papéis sociais, como o profissional, são afetados e necessitarão de trabalhos e treinamentos desenvolvidos de forma mais específica e individualizada.

Os ingeridores se comunicam pelo corpo e pelo *sentir*. Valorizam sentimentos, emoções e sensações corporais. De acordo com Soeiro (1995), o ingeridor "é o indivíduo que chama a atenção sobre si – queixa-se de que está passando muito mal e diz que algo comentado pelo grupo fê-lo sentir-se angustiado, ou começa a chorar e em alguns casos pode começar a desenvolver paralisias ou outros sintomas conversivos". O ingeridor "sente demais, tudo é sentimento em excesso, numa contínua valorização desse *sentir*". Também "é muito freqüente o ingeridor apresentar um grande número de sintomas psicossomáticos".

Segundo Soeiro (1995), o elaborador é o indivíduo que

> cria um esquema lógico e este adquire características de verdade. São indivíduos que, ao falar, o fazem com convicção e entonação agressiva... O ato é uma conseqüência de sua verdade, pois, não tendo dúvidas, age com muita força à procura dos seus objetivos. Com freqüência, esses indivíduos sentem-se perseguidos, pois, como para eles as suas idéias são muito claras e verdadeiras, qualquer indivíduo que não as aceitou ou que as questione está contra eles.

> Assim, é o indivíduo que sempre fala com muita certeza, que tem tendência a aceitar desafios e a mostrar sua força. [...] É curioso notar que este tipo de paciente dificilmente se queixa de sintomas psicossomáticos. Para eles estes sintomas são demonstrações de fraqueza, e problemas psicológicos são para indivíduos fracos que não sabem o que querem, e eles des-

prezam a fraqueza. O maior problema dos elaboradores é que eles usam excessivamente a luta, e poucas reações de fuga.

A outra face do elaborador tem como característica básica a supervalorização dada ao outro. As outras pessoas adquirem importância muito grande para esses tipos, e isso pode acontecer em relação aos outros em geral ou a uma pessoa especificamente.

> São capazes de fazer com que o outro obtenha mais vantagens do que ele próprio, ao invés de defender seus próprios interesses. Esse comportamento, sendo excessivo, pode chegar a ser intolerável, surgindo, então, a crise depressiva. [...] Sua conduta é sempre no sentido de fazer com que o outro se sinta culpado, pois ele tenta mostrar sempre uma posição de dignidade – é importante ser dedicado e digno. O outro, assim, pode sentir-se culpado por estar agindo incorretamente com quem é tão digno.

Soeiro (1995, p.74-8) descreve o urinador como

> o indivíduo que tenta ter certeza de tudo, que busca controlar todas as variáveis de uma determinada situação. [...] Para ele, o problema começa a surgir sempre nas relações humanas, pois é aí que ele tem maiores dificuldades, visto não poder controlar todas as variáveis [...] Em geral, é um indivíduo que fala muito e sempre com pensamentos alternativos e probabilísticos, tornando-se por isto incômodo. [...] Quando conversa com outra pessoa, esta nunca pode falar algo correto porque ele sempre levanta uma outra possibilidade ou uma argumentação que faz com que a afirmação do outro não seja totalmente certa. [...] É comum o urinador ter certa vaidade de sua inteligência, julgando que pensa em tudo e que é bem objetivo.

Toda a teoria de Moreno propõe uma forma de entendimento das relações na busca de seres saudáveis e felizes. Por meio da representação teatral – na qual há uma pessoa real por trás do personagem, mesmo quando ele é "criado", pois é representado por um ator, com valores e características assumidas em uma realidade vivida e cristalizada como modo final de realizar ações nesses papéis –, encontra uma metodologia capaz de ajudar as pessoas a olhar com o olho do outro para entender e de fato aceitar a vida como ela é, ao outro como ele é e a si mesmo como se é.

Com base na psicopatologia de Vitor Dias, com adaptações para a realidade das organizações, elaboramos o quadro 3.

Quadro 3 – Relações da líderança e seus colaboradores

\multicolumn{3}{c}{Características}		
Ingeridor	Elaborador	Urinador
Otimista. Sedutor. Extrovertido. Tagarela. Preocupado com as aparências. Espírito de equipe.	Dominador. Impaciente. Franco. Voluntarioso. Convincente. Individualista. Ambicioso.	Preocupado com detalhes. Desconfiado. Metódico. Introvertido. Lógico. Previdente. Paciente.
Como lidar com eles		
Ingeridor	Elaborador	Urinador
Demarcar limites. Monitorar o espaço ocupado. Mostrar confiança. Mobilizar sua capacidade de integração de equipe. Estimular a autoconfiança.	Deixar claro o objetivo de cada ação. Cobrar resultados com maior freqüência. Detalhar o plano de ação. Cobrar resultados. Facilitar a exposição das idéias e do planejamento. Pedir apoio do planejamento estratégico. Mobilizar a capacidade de convencimento positivo na equipe.	Dar a dimensão temporal. Cobrar prazos com maior freqüência. Facilitar a exposição das idéias estratégicas. Facilitar o envolvimento e o comprometimento com a equipe. Mobilizar a capacidade de buscar novas alternativas.

13
A ferramenta do Trem® na gestão de processo

Planejando e concretizando as mudanças

Ano de 1805. Uma pequena e próspera cidade agrícola chamada Guelfis plantava e colhia as melhores frutas com a intenção de vendê-las. As frutas eram delicadas e deliciosas, o que a fazia ser uma cidade diferenciada e lhe garantia o sustento. O povo de Guelfis, apesar de pacato e feliz, tinha duas grandes reclamações. A primeira era que a colheita era vendida somente na própria cidade, pois não conseguiam escoá-la rapidamente e as frutas logo se estragavam. A segunda reclamação era a respeito da qualidade de vida: não havia lazer para o povo guelfiniano, já que todas as terras eram milimetricamente ocupadas pelo plantio e não havia praias ou praças.

Um dia, o prefeito de Guelfis resolveu fazer uma reunião com a comunidade para resolver os dois problemas. O primeiro era de ordem econômica: precisavam escoar as frutas. O segundo era a qualidade de vida dos moradores da cidade.

Foi resolvido, nessa reunião, otimizar a parceria de comércio com as duas cidades mais próximas, situadas a uma distância de 100 km. Uma das cidades se chamava Bambulândia, pois fazia muitos objetos de bambu, inclusive grandes cestos. A outra cidade tinha um lindo mar e se chamava Guaicolândia.

Assim, foi marcada uma reunião entre os três prefeitos. Eles conversaram sobre o impacto que as mudanças causariam, as entradas e saídas de pessoas/produtos e o controle desse processo. Planejaram mudanças, orçamentos, viabilidade etc. Os prefeitos percebiam que o intercâmbio seria bom para todos, mas haveria impacto. Poderia haver caos nas pacatas e boas cidades. O principal problema para essa demanda era o custo do transporte, tanto de passageiros como de carga.

Um cidadão (os líderes eram democráticos e ouviam os cidadãos) trouxe a novidade do momento, chamada *trem*, que seria um meio de transporte do futuro. Ele garantiria o controle de entrada e saída, organizaria a hora de chegada e partida e teria área suficiente para muitos cestos, que ocupam bastante espaço.

Essa história não é real, mas foi baseada em uma. Trabalhando no México, em 1998, em uma empresa que resistia a determinadas mudanças pois precisava fazer parceria com mais duas empresas, criamos a ferramenta do Trem®, que hoje vem sendo utilizada nas organizações por alguns psicodramatistas. Temos utilizado essa ferramenta com grande êxito nos processos de mudança, quando as pessoas sentem medo do caos da primeira fase de qualquer processo. O Trem® facilita o processo e organiza o caos.

A ferramenta do Trem® auxiliando o plano desenvolvido nas intervenções psicodramáticas

Usamos o seguinte acróstico:

- **T** Transformar
- **R** Realçar
- **E** Eliminar
- **M** Manter

Lembrando que, conforme a descrição dos trabalhos que efetuamos nas organizações, sempre mapeamos o que ocorre no dia-a-dia, e isso serve de base para o Trem®.

Primeiro passo – Aquecimento

Imaginem uma mudança de casa, a forma como ela é efetuada. O primeiro passo é avaliar o que temos.

- Objetos de que gostamos, ou que têm valor, mas precisam de reparos ou *transformação*.
- Objetos de que gostamos, mas estavam escondidos ou sujos e precisam ser valorizados ou *realçados*.
- Objetos de que não gostamos ou que não valem a pena ser reformados, valendo mais a pena serem jogados fora ou *eliminados*.
- Objetos dos quais gostamos e que se encontram em bom estado, devendo ser *mantidos*.

Também em processos de mudança precisamos organizar o que temos antes de sair buscando coisas novas.

Segundo passo – O jogo em si

Com base no mapeamento do cotidiano, analisar na realidade vivida o que queremos transformar, realçar, eliminar e manter.

Essa etapa nos ajuda a mapear a demanda do clima organizacional ao analisar o número de solicitações em cada item, demonstrando a satisfação e a insatisfação dos funcionários em relação à organização.

Por exemplo: um grupo escreveu 36 pontos a serem eliminados e dez a serem mantidos. Outro grupo escreveu 27 pontos a serem realçados e oito a serem eliminados. Como diretores, temos de conduzir os grupos de formas distintas.

Transformar	Realçar	Eliminar	Manter

Terceiro passo – Elaborar um plano de ação dentro dos pontos levantados

Escolher os responsáveis pelas ações e determinar prioridades.

O que é cabível com base na tabela acima:

TRANSFORMAR

Ações	Responsabilidade	Prioridade/prazo

REALÇAR

Ações	Responsabilidade	Prioridade/prazo

ELIMINAR

Ações	Responsabilidade	Prioridade/prazo

MANTER

Ações	Responsabilidade	Prioridade/prazo

Quarto passo – Categorização

Categorizar as ações em temas abrangentes, o que nos auxilia a perceber os pontos críticos da empresa. Por exemplo: logística, comunicação, administração, interpessoal, infraestrutura etc. Vale a pena ter no máximo seis itens.

Essa fase dimensiona os pontos críticos da empresa.

Quinto passo – Assumindo responsabilidades

Indicar líderes dos temas indicados. Eles serão os aglutinadores das ações com seus devidos responsáveis.

Sexto passo – Manutenção do trabalho

Reuniões com os líderes de tema. Essa reunião normalmente é efetuada junto conosco para validarmos o trabalho.

Temos tido gratas surpresas ao fechar e consolidar o processo de mudança, pois sabemos que as intervenções nas empresas, quando não são levadas a cabo, apesar de oferecerem novo oxigênio no começo, tendem a diminuir a energia e nem sempre efetivam o trabalho no dia-a-dia.

Essa ferramenta é uma das formas de mensurar e concretizar as mudanças propostas, sejam de ordem relacional, sejam de ordem organizacional. Este livro é apenas uma conserva, e não deve ser tratado como picles, ou seja, como pronto e acabado. Cabe a você reinventá-lo, formando a sua conserva.

Bibliografia

AGUIAR, M. *Teatro espontâneo.* São Paulo: Casa do Psicólogo, 1990. Site oficial: <www.teatroespontaneo.hpg.ig.com.br>. Acesso em 20 jul. 2005.

BARBERÁ, E. L.; KNAPPE, P. P. *A escultura na psicoterapia: outras técnicas de ação.* São Paulo: Ágora, 1999.

BERMUDEZ, J. R. *Objeto intermediario e intraintermediario en sicodrama.* Disponível em: <http://www.aap.org.ar/publicaciones/dinamica/dinamica-2/tema-2.htm>. Acesso em 15 fev. 2005.

BEZERRA, A. P. *O Teatro do Oprimido e a noção de espectador-ator: pessoa e personagem.* Disponível em: <http://hemi.nyu.edu/por/seminar/brazil/antonia.html>. Acesso em 27 dez. 2007.

BION, W. *Experiência com grupos.* São Paulo: Imago, 2003.

BONIFÁCIO, M. S. O.; MARCHETO, A. *Teoria de papéis.* Trabalho apresentado durante o curso de psicodrama da Potenciar Consultores Associados, São Paulo, 2005.

BUBER, M. *Eu e Tu.* 2. ed. revista. São Paulo: Moraes, s/d.

BUSTOS, D. *O teste sociométrico.* São Paulo: Brasiliense, 1978.

_____. *Perigo, amor à vista.* 2. ed. ampliada. São Paulo: Aleph, 1994.

COVEY, S. *O 8º hábito: da eficácia à grandeza.* São Paulo: Campus, 2005.

DIAS, Victor R. C. S. *Análise psicodramática e teoria da programação cenestésica.* São Paulo: Ágora, 1994.

_____. *Psicodrama: teoria e prática.* 2. ed. São Paulo: Ágora, 1987, p. 26.

DRUMMOND, J. "Integração – Formando equipe". In: Fleury, H.; Marra, M. (orgs.). *Intervenções grupais nas organizações.* São Paulo: Ágora, 2005.

DRUMMOND, J.; GAMA, J. C. B.; BARBOSA, M. F. Apostilas do curso de psicodrama da Potenciar Consultores. São Paulo, 2000.

DRUMMOND, J.; PARLATO, A. *Revendo o universo pela prática da liberdade e criatividade*. São Paulo: Aquariana, 1989.

FLEURY, H. J. "Grupo de mulheres". *Revista Brasileira de Psicodrama*, São Paulo, v. 14, n. 1, ed. bilíngüe, 2006.

FONSECA, J. *Psicoterapia da relação: elementos de psicodrama contemporâneo*. São Paulo: Ágora, 2000.

FOUCAULT, M. *Microfísica do poder*. São Paulo: Graal Editora, 2005.

_____. *O pensamento do exterior*. Lisboa: Fim de Século, 1986.

GONZAGA, T. A. *Lira XXVII*. Disponível em: <http/alfarrabio.di.uminho.pt/vercial/gonzaga.htm>. Acesso em jan. 2006.

MARINEAU, R. F. *Jacob Levy Moreno 1889-1974 – pai do psicodrama, da sociometria e da psicoterapia de grupo*. São Paulo: Ágora, 1992.

MARTIN, E. G. *Psicologia do encontro*. São Paulo: Ágora, 1996.

MELUCCI, A. *O jogo do Eu*. São Paulo: Ed. Unisinus, 2004.

MENEGAZZO, C. M. *Dicionário de psicodrama*. São Paulo: Ágora, 1995.

MICHAELLIS, *Moderno Dicionário da Língua Portuguesa*. São Paulo: Melhoramentos, 2005.

MINAYO, M. C. S. *et al*. "Qualidade de vida e saúde: um debate necessário". *Ciência e Saúde Coletiva*, Rio de Janeiro, v. 5, n. 1, 2000. Disponível em: <http://www.scielo.br/scielo.php?script=sci_arttext&pid=S1413-81232000000100002&lng=en&nrm=iso>. Acesso em 18 jan. 2007.

MORENO, J. L. *Fundamentos do psicodrama*. São Paulo: Summus, 1983.

_____. *Palavras do pai*. Campinas: Psy, 1992.

_____. *Psicodrama*. São Paulo: Cultrix, 1997.

_____. *Quem sobreviverá? Fundamentos da sociometria, psicoterapia de grupo e sociodrama*, v. 1. Goiânia: Dimensão Editora, 1993.

MORENO, Z. T. *et al*. *A realidade suplementar e a arte de curar*. São Paulo: Ágora, 2000.

MORIN, E. *Ética, cultura e educação*. São Paulo: Cortez, 2001.

PEREIRA, A. H. "O conflito dramático entre o papel social e imaginário na trajetória protagonizada por Dom Quixote". *Revista Brasileira de Psicodrama*, São Paulo, Diretoria de Divulgação e Comunicação da Febrap, vol. 13, n. 1, p. 25-43, 2005.

SARTRE, J. P. *A idade da razão*, 4. ed. Rio de Janeiro: Nova Fronteira, 2005 (Coleção Caminhos da Liberdade).

SOEIRO, A. C. *Psicodrama e psicoterapia*. São Paulo: Ágora, 1995.

SOUZA, A. C. *Estudo sobre a relação entre a prevenção das doenças sexualmente transmissíveis e diferenciação por gênero utilizando o psicodrama como metodologia*. 2003. Monografia (titulação de psicodramatista didata) – Federação Brasileira de Psicodrama (Febrap), São Paulo.

VILASECA, G. A. *Grupo. Psicodrama. Multiplicación dramática. Teatro espontáneo*. s/d. Disponível em: <http://www.campogrupal.com/psicodrama.html>. Acesso em 24 jul. 2005.

WEIL, P. *A arte de viver a vida*. Brasília: LetraAtiva, 2003.

_____. *Psicodrama*. Rio de Janeiro: Cepa, 1967.

WIKIPEDIA. *Augusto Boal*. Disponível em: <http://pt.wikipedia.org/wiki/Augusto_Boal>. Acesso em 2005.

_____. *Complexidade* (sobre Edgar Morin). Disponível em: <http://pt.wikipedia.org/wiki/Complexidade>. Acesso em 17 jan. 2006.

YUTANG, L. *Mudanças da humanidade*. São Paulo: Globo, 1986.

ZOÉ, Margarida C. V. "Playback theatre: teatro arte, espontâneo e terapêutico". *Jornal Existencial On-line*. Jun. 2000. Disponível em: <http://www.existencialismo.org.br/jornalexistencial/rubiniplayback.htm>. Acesso em 2005.

As autoras

JOCELI DRUMMOND é licenciada em Pedagogia e Psicologia Educacional, com especializações em: Psicodrama Reverso SP Direct Group pelo Instituto Moreno de Beacon (EUA); Operações Lógicas pelo Sacré Coeur de Lindthout (Bélgica); Nosologia pelo Instituto J. L. Moreno (Argentina); Círculo de Controle de Qualidade pelo Instituto Llorenzo Torres (México); Assertividade pela Universidade Nacional Autónoma de México; Creative Problem Solving pelo Creative Problem Solving Institut (EUA); e Fenomenologia e Psicodrama Pedagógico – Reverso pela Universidade de São Paulo. É também mestre em Administração, Comunicação e Educação pela Universidade São Marcos e professora da pós-graduação da Fundação Getulio Vargas e da Faculdade de Jaguariúna. Presta consultoria para diversas empresas, como Petrobras, Rede Globo, Sodexho (Brasil e Chile), Roche, Porto Seguro, H.Stern (Brasil e Alemanha) e MasterCard, e também para a Secretaria da Agricultura, a Secretaria da Educação, os Correios, o IBGE, a Fundação do Desenvolvimento Administrativo (Fundap) e o Sindicato Nacional dos Auditores-Fiscais da Receita Federal do Brasil (Unafisco). É autora de *Liberdade e criatividade* (Editora Aquarius) e colaborou com um capítulo no livro *Intervenções grupais nas organizações*, organizado por Heloisa Fleury (Editora Ágora, 2005).

ANDRÉA CLAUDIA DE SOUZA é psicóloga pelo Instituto Metodista de Ensino Superior (Universidade Metodista de São Paulo – Umesp), psicodramatista didata pela Potenciar Consultores Associados, psicodramatista pela Potenciar Consultores Associados, especialista em Sexualidade Humana pela Faculdade de Medicina da Universidade de São Paulo (FMUSP) e técnica acadêmica em Dança pela Escola Manon Freire Giorgi. Cursa o mestrado em Psicologia da Saúde na Umesp, é membro da Diretoria de Ensino e Ciência da Federação Brasileira de Psicodrama (Febrap) e colaborou no projeto "Sexualidade" do Hospital das Clínicas. Presta consultoria para diversas empresas, entre elas Sodexho e Roche, e também para a Secretaria da Agricultura, a Secretaria da Educação, os Correios, o Colégio Singular, a MSA do Brasil e as prefeituras de São Bernardo e Santo André.

leia também

100 JOGOS PARA GRUPOS
UMA ABORDAGEM PSICODRAMÁTICA PARA EMPRESAS, ESCOLAS E CLÍNICAS
Ronaldo Yudi K. Yozo

Instrumento de trabalho indispensável para qualquer profissional que trabalha com grupos. O autor classifica os jogos de acordo com o momento do grupo, sendo, portanto, extremamente didático. A paginação facilita uma consulta rápida e eficiente.
REF. 20510   ISBN 85-7183-510-1

INTERVENÇÕES GRUPAIS NAS ORGANIZAÇÕES
Heloisa Junqueira Fleury e Marlene Magnabosco Marra (orgs.)

Este volume valoriza o sociodrama como método para facilitar o desenvolvimento de pessoas e grupos na saúde profissional. Traz experiências de atividades em empresas e instituições hospitalares, mostrando como é facilitado ao grupo atravessar seus temas centrais e conflituosos, conduzindo a relações saudáveis no ambiente de trabalho.
REF. 20900   ISBN 85-7183-900-X

JOGOS PARA EDUCAÇÃO EMPRESARIAL
JOGOS, JOGOS DRAMÁTICOS, *ROLE-PLAYING*, JOGOS DE EMPRESA
Yvette Datner

Experiente consultora de treinamento e desenvolvimento profissional, a autora é uma grande *expert* em jogos para grupos. Aqui ela reuniu 32 sugestões de atividades para a saúde relacional, grupal e organizacional. Várias delas são inéditas e foram criadas por ela própria. O livro tem caráter prático e teórico, explicando os *porquês* e os *comos* com muita clareza. Instrumento imprescindível para quem trabalha com grupos.
REF. 20003   ISBN 85-7183-003-7

MORENO:
ENCONTRO EXISTENCIAL COM AS PSICOTERAPIAS
Wilson Castello de Almeida

Uma biografia concisa, original e agradável sobre o criador do psicodrama, Jacob Levy Moreno. Quase como num romance, o autor nos faz conhecer a vida, o contexto cultural e político desse médico e pensador que inovou as técnicas de tratamento psicológico. Boa indicação para estudantes que estão se iniciando e para os experts que apreciam uma abordagem original.
REF. 20078   ISBN 85-7183-078-9

IMPRESSO NA

sumago gráfica editorial ltda
rua itauna, 789 vila maria
02111-031 são paulo sp
telefax 11 **6955 5636**
sumago@terra.com.br

GRÁFICA
sumago

------------- dobre aqui -----------------

Carta-resposta
9912200760/DR/SPM
Summus Editorial Ltda.
CORREIOS

CARTA-RESPOSTA
NÃO É NECESSÁRIO SELAR

O SELO SERÁ PAGO POR

grupo editorial **summus**

AC AVENIDA DUQUE DE CAXIAS
01214-999 São Paulo/SP

------------- dobre aqui -----------------

SOCIODRAMA NAS ORGANIZAÇÕES

EDITORA ÁGORA

CADASTRO PARA MALA-DIRETA

Recorte ou reproduza esta ficha de cadastro, envie completamente preenchida por correio ou fax, e receba informações atualizadas sobre nossos livros.

Nome: _____ Empresa: _____
Endereço: ☐ Res. ☐ Coml. _____ Bairro: _____
CEP: _____ - _____ Cidade: _____ Estado: _____ Tel.:( ) _____
Fax:( ) _____ E-mail: _____ Data de nascimento: _____
Profissão: _____ Professor? ☐ Sim ☐ Não Disciplina: _____

1. Você compra livros:
- ☐ Livrarias
- ☐ Feiras
- ☐ Telefone
- ☐ Correios
- ☐ Internet
- ☐ Outros. Especificar: _____

2. Onde você comprou este livro? _____

3. Você busca informações para adquirir livros por meio de:
- ☐ Jornais
- ☐ Amigos
- ☐ Revistas
- ☐ Internet
- ☐ Professores
- ☐ Outros. Especificar: _____

4. Áreas de interesse:
- ☐ Psicologia
- ☐ Comportamento
- ☐ Crescimento interior
- ☐ Saúde
- ☐ Astrologia
- ☐ Vivências, Depoimentos

5. Nestas áreas, alguma sugestão para novos títulos? _____

6. Gostaria de receber o catálogo da editora? ☐ Sim ☐ Não
7. Gostaria de receber o Ágora Notícias? ☐ Sim ☐ Não

Indique um amigo que gostaria de receber a nossa mala-direta.

Nome: _____ Empresa: _____
Endereço: ☐ Res. ☐ Coml. _____ Bairro: _____
CEP: _____ - _____ Cidade: _____ Estado: _____ Tel.:( ) _____
Fax:( ) _____ E-mail: _____ Data de nascimento: _____
Profissão: _____ Professor? ☐ Sim ☐ Não Disciplina: _____

Editora Ágora
Rua Itapicuru, 613 7º andar 05006-000 São Paulo - SP Brasil Tel.: (11) 3872-3322 Fax: (11) 3872-7476
Internet: http://www.editoraagora.com.br e-mail: agora@editoraagora.com.br

cole aqui